"大运河人物故事"丛书

丛书主编 张廷皓

江淮漕运通道开拓者

陈登

晓 柯 著

南京出版传媒集团 南京出版社

图书在版编目（CIP）数据

江淮漕运通道开拓者——陈登 / 晓柯著. -- 南京：南京出版社, 2022.1

（“大运河人物故事”丛书）

ISBN 978-7-5533-3395-3

Ⅰ. ①江… Ⅱ. ①晓… Ⅲ. ①陈登 – 生平事迹 Ⅳ. ①K827=342

中国版本图书馆CIP数据核字（2021）第180177号

丛 书 名 大运河人物故事
丛书主编 张廷皓
书　　名 江淮漕运通道开拓者——陈登
作　　者 晓　柯
出版发行 南京出版传媒集团
南　京　出　版　社

社址：南京市太平门街53号　　邮编：210016
网址：http://www.njcbs.cn　　电子信箱：njcbs1988@163.com
联系电话：025-83283893、83283864（营销）　025-83112257（编务）

出 版 人 项晓宁
出 品 人 卢海鸣
责任编辑 金　欣
装帧设计 王　俊　张　淼
责任印制 杨福彬

制　　版 南京新华丰制版有限公司
印　　刷 江苏扬中印刷有限公司
开　　本 787毫米 × 1092毫米　1/32
印　　张 3.75
字　　数 58千
版　　次 2022年1月第1版
印　　次 2022年1月第1次印刷
书　　号 ISBN 978-7-5533-3395-3
定　　价 15.00元

用微信或京东APP扫码购书

用淘宝APP扫码购书

总 序

大运河是中国人民的伟大创造。这条始建于公元前486年的人工水道，作为中国历史上贯穿南北的大动脉，集漕粮运输、商旅交通、军资调配、水利灌溉等功能于一身，不但加强了全国各地区间的政治、经济联系和文化交流，维护了多民族大一统国家的稳定和发展，而且使北方的丝绸之路和南方的海上丝绸之路在古老大陆的东方形成了闭环，因而具有世界意义。时至今日，大运河沿岸遍布城镇、码头、仓库、船闸、桥梁、堤坝等各类遗存，构成了中国乃至世界范围内罕见的线性文化带，并成功地在2014年6月22日第38届世界遗产大会上入选《世界遗产名录》。2017年6月，习近平总书记对建设大运河文化带作出重要指示，指出“大运河是祖先留给我们的宝贵遗产，是流动的文化，要统筹保护好、传承好、利用好”。2019年2月，中共中央办公厅、国务院办公厅联合印发《大运河文化保护传承利用规划纲要》，就进一步保护好、传承好、利用好大运河沿线的丰富文化遗产提出了明确要求。

回顾大运河萌芽、发展和演变的过程，诸如国家政策、政治形势、军事需要、地理环境等，虽然也都会对其历史变迁产生一定程度的影响，但从根本上来看，“人”的作用往往显得更为重要。千百年来，大运河的规划者、开凿者、建设者、管理者、治理者，以及其他与大运河有关的各类人物，凭借着不拘一格的思考方式、与时俱进的思维理念、突破常规的制度创新、因地制宜的技术方法革新，比较圆满地解决了大运河形成过程中所遇到的自然、运输和管理等一系列问题，实现了大运河从地区性到整体性、临时性到制度性、零散性到系统性的质变。这些大运河历史上涌现出的杰出人物，作为创造、改变和塑造大运河的主体和关键，其思想观念中闪烁着的智慧光芒，和一言一行中表现出的担当作为，不仅是大运河历史上无比珍贵的宝藏，同时也是彰显和传播中华民族灿烂文明的重要文化遗产，值得我们进一步挖掘和弘扬。

与蔚为大观的河道变迁、漕运制度、城镇商业、文化风俗等成果相比，有关大运河人物的研究相对薄弱。为了展现大运河深厚而丰富的文化内涵，传承和弘扬中华优秀传统文化，南京出版传媒集团（南京出版社）决定推出一套“大运河人物故事”丛书。这套面向广大青少年读者的普及性读物，精选历代与大运河有关的著名人物，时间上从春秋战国直至民国时期，空间上则覆盖隋唐大运河、京杭大运河和浙东运河。每册均邀请学有专长的作者撰写，力图在准确把握史实的基础上，用生动活泼的语言文字，引人入胜的故事情节，丰富多彩的知识拓展，刻画每一位大运河人物的主要经历，涉及凿河规划、水利建设、漕运管理、治运思想与实践、研究著述以及后世影响等，在折射大运河变迁轨迹的同时，充分展现出这些人物与大运河的密切关系，以及对大运河的变迁所发挥的作用。

青少年是国家的未来和民族的希望，肩负着实现中华民族伟大复兴、建设社会主义现代化强国的历史重任。近年来，南京出版传媒集团（南京出版社）先后推出了“抵御外侮——中华英豪传奇”“抗战十四年·中华儿女传奇”等多套青少年读物，在培养青少年爱国主义精神、培育和践行社会主义核心价值观等方面，起到了十分积极的作用。衷心希望“大运河人物故事”丛书能成为广大青少年认识和了解大运河历史文化的良师益友，在深化他们对大运河文化内涵认知的同时，展现中华民族的聪明才智和中华文明的灿烂辉煌，为他们的健康成长树立文化自信，使之成为将来建设国家的栋梁之材。

张廷皓

（作者系中国文物学会大运河专业委员会主任委员、中国文化遗产研究院原院长）

目 录

引 言

春秋时期，吴王夫差开凿了连通长江与淮河的邗沟，成为中国大运河最早的河段。夫差开挖的古邗沟，到了东汉末年，由于河道淤塞，几乎不能使用。这时江淮大地上又出了一位续修邗沟的英雄，他就是当时的广陵太守陈登。

陈登（163—201），下邳淮浦（今江苏淮安涟水）人，字元龙，25岁时即被举为孝廉，担任东阳县令，管理一个县的军政大事。后来，他被徐州刺史陶谦推荐为典农校尉，管理一州的农业和水利。他“巡土田之宜，尽凿溉之利，秔（粳）稻丰积”，使百姓摆脱了饥荒。他亲自考察徐州的土地状况，开发水利，发展农田灌溉，使汉末迭遭破坏的徐州农业得到一定程度的恢复，百姓们安居乐业。建安年间出使许都时，向曹操进献了灭吕布之策，被授为广陵太守。因为灭吕布有功，被朝廷封为伏波将军，后转任东城太守。

陈登在历史上的最大功绩是重修邗沟，再次沟通江淮之间的水上运输通道，使大运河最早的一段古邗沟得以恢复生命力。他主持开凿的邗沟改变了春秋时期邗沟迂回曲折的路线，通过裁弯取直，缩短了江淮之间的水上运输距离，被称为邗沟西道。这条邗沟西道成为历代长江与淮河之间水上运输的主要路线，也成为隋炀帝贯通大运河时修筑邗沟的线路。他还十分重视水利建设，开陈公塘为运河补水，筑捍淮堰、破釜塘发展江淮一带农业生产，成为曹魏集团开区间运河和实行屯田制的最早实践者，为汉末运河的复兴和江淮区域经济的发展作出了重要贡献，成为魏晋时期区间运河建设的重要人物。1800多年过去了，陈登所生活的那个时代已经离我们远去，而他所续修的邗沟却发展成为中国大运河重要的一段，至今仍在发挥着国之命脉的重要作用。陈登也作为开凿维修运河的重要人物而载入史册。

第一章 扶民济世显奇能

汉末乱世出英雄

东汉末年，社会政治黑暗，党锢之祸不断。由于皇帝无能，外戚和宦官轮流把持朝政，腐败无能的官员充塞朝廷和各州县。十常侍横行朝野，朝廷对地方的控制愈加衰弱，地方上土地兼并问题恶化，加上瘟疫流行，地震、水灾不断，社会矛盾日益激化。生活在最底层的老百姓实在没法生活，只好铤而走险，走上造反的道路。

汉灵帝中平元年（184），一场席卷全国的黄巾军起义爆发了。朝廷为了镇压黄巾军，允许各地方官员和地主豪强组织地方武装。因此地方官员和各地豪强地主利用宗族关系，组织起一支支大小不一的地方部队，既有以血缘关系组成的宗族武装，又有豪强地主的家兵，还有少数民族组成的义从。其中，规模最大的是豪强军阀，如袁绍集团、袁术集团。这一支支地方武装是造成东汉末年军阀割据局面的原因之一。在镇压黄巾军的过程中，地方官员和各地豪强以保家卫国的

小贴士：黄巾军起义

黄巾军起义是东汉末年，钜鹿（今河北省邢台市）人张角所领导的一次大规模农民起义。由于起义军组成的部队头裹黄巾，故被称作黄巾军。起义军的领袖为创立"太平道"的张氏三兄弟，他们以传道为掩护，进行了广泛的宣传发动，到处散播"苍天已死，黄天当立。岁在甲子，天下大吉"的口号。老百姓称他们为神兵天将。起义一开始声势很大，因为黄巾军多为流民、山贼出身，没有财产牵挂，加上对大贤良师张角的个人崇拜，使得黄巾军作战异常凶猛，攻城夺镇，取得了开局的胜利，各个山头的黄巾军合计达到数十万人。后来因为张角病死，黄巾军各部各自为战，协调配合不够，逐渐被朝廷和地方武装逐个剿灭。这场起义虽然不到一年就被东汉王朝和地方豪强组织的武装所镇压，但起义严重动摇了东汉王朝的统治基础。由于历史影响力较大，历史学家将黄巾军起义作为三国时代的开端。

名义争相招兵买马，相互之间攻伐争斗，形成了一批地方割据势力。黄巾军起义被镇压后，地方武装之间仍相互攻伐争斗不断，中央政府的皇权受到进一步削弱，一个个大小军阀划地为王。正是这些地方割据武装，开创了三国鼎立的局面，从此中国进入了汉末近一百年的战乱时代。我们故事的主人公陈登就生活在这样一个乱世之中。

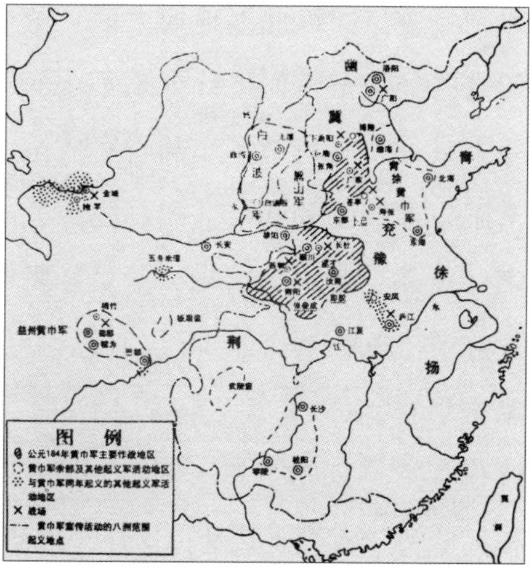

黄巾军起义进军图（《话说中国》第七卷）

永汉元年（189）四月，汉灵帝驾崩。外戚、宦官相互争斗，都想掌握权柄。大将军何进拥立刘辩为帝，史称汉少帝。何皇后故改称为何太后，临朝处理政务。此时，国家大权实际上已被何进掌握。大将军何进与司隶校尉袁绍合谋诛杀宦官一党，但何太后迟迟不肯下诏，于是何进、袁绍、袁术等私招凉州牧董卓、并州刺史丁原领兵进京，以此逼迫何太后。董卓等还没有到首都，何进已经被宦官们设计谋杀了。何进死后，其部将吴匡等人联合董旻攻杀了车骑将军何苗，董卓乘乱进军首都洛阳，控制了朝廷。并州刺史丁原的手下吕布将丁原杀害，投靠了董卓。后来，董卓废黜并杀死了汉少帝，改立陈留王刘协为帝，即汉朝最后一位皇帝汉献帝。当时献帝只有9岁，董卓完全掌握了朝政。董卓自拜相国，封郿侯，有“入朝不趋，剑履上殿”的特权。他还仗着军权的威势，放纵士兵劫掠富户，搜刮财物，欺压百姓。

董卓诛杀异己，把控朝政的恶行，招致天下英雄结盟共讨董卓。初平元年（190），关东（函谷关以东）各州郡政府的十一路地方军队结成“关东军”，推选袁绍为盟主，领车骑将军，讨伐董卓。后来的三国群雄曹操、孙坚、袁术等都在这场战争中脱颖而出，发展了自己的力量成为雄霸一方的割据势力。为躲避“关东军”的进攻，董卓放火烧了旧都洛阳，胁持汉献帝迁都长安。初平三年（192），司徒王允利用美女貂蝉，巧施连环美人计，让董卓与他的部下吕布反目成仇，接着买通吕布背叛董卓，造成董卓被吕布所杀。董卓的部将李傕、郭汜赶走吕布，控制了东汉王朝。

小贴士：貂蝉

貂蝉（生卒年不详），是历史小说《三国演义》中的一个悲剧人物，被称为中国古代四大美女之一。《三国演义》中，貂蝉是东汉末年司徒王允家的义女，容貌倾国倾城，有“闭月”的传说。为拯救汉朝，推翻权臣董卓的荒淫统治，貂蝉受王允所托，上演了一出连环美人计。她周旋于董卓和吕布两人之间，成功地离间了这对义父子，最终借吕布之手除掉了恶贼董卓，结束了董卓专权的黑暗时期。之后貂蝉成为吕布的妾，董卓部将李傕击败吕布后，她随吕布来到徐州。曹操攻陷下邳后，吕布被曹操所杀，貂蝉跟随吕布家眷前往许昌，从此下落不明。

地方州郡长官及地主豪强在反董卓战争及后来的相互攻伐中逐渐壮大实力，其中发展最快的是曹操，而故事的主人公陈登就是曹操的得力干将之一。讨伐董卓之战结束后，由于朝廷被董卓的部将把持，各地方军阀对东汉中央政权已不加理会，转而发展各自的势力。公元197年，袁术于寿春称帝，国号“成”，最后被曹操及刘备攻灭。曹操迎奉汉献帝到许都，凭借“挟天子以令诸

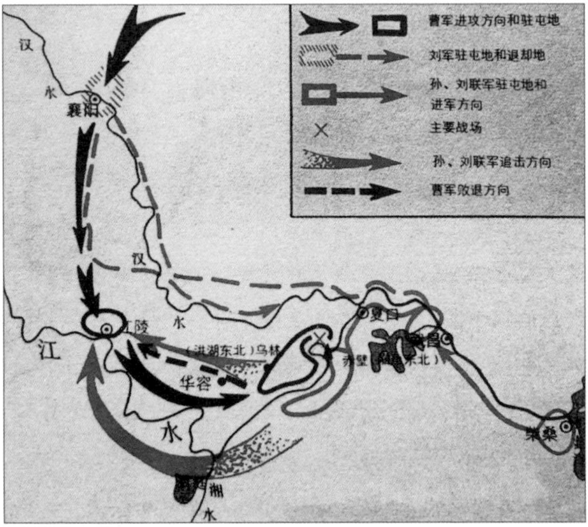

赤壁之战图

侯”的政治优势，在陈登等人的辅佐下，经过多年的南征北战，先后消灭吕布、袁术等割据势力，降张绣、逐刘备，控制了兖州、豫州、徐州以及司州等地。后又在官渡之战中，以少胜多，击败了当时割据河北的全国最强大的地方势力袁绍。曹操又派遣大将张辽率领先锋部队大破乌桓并斩杀乌桓单于蹋顿，随后又平定辽东，最终统一北方。公元208年，曹操在向南进攻的赤壁之战中，被孙刘联军击败，退守中原。从此，曹操、刘备、孙权三股势力三分天下，形成了三国鼎立的局面。

俗话说，乱世出英雄，汉末乱世打破了原有的封建皇权的约束，一批豪杰得以趁乱为王，干出一些开疆封国的丰功伟绩来。三国时期的开国者如魏国的曹操，蜀国的刘备，吴国的孙坚、孙策、孙权等，都是在这个时代涌现出来的英雄。乱世之中，也正是用人之际，各地豪强对人才的重视程度要远超和平年代，而且乱世打破了一些繁文缛节，割据势力选拔人才的方式更简便快捷。因此，一大批谋士能臣脱颖而出，出名的有魏国的荀彧、荀攸，蜀国的诸葛亮，吴国的周瑜等。陈登也是这个汉末乱世之中出现的英雄豪杰之一，是早期曹操集团的一个重要人物。

二十五岁任县令

公元163年，陈登出生在淮河边的一个官宦地主家庭。其父陈珪，字汉瑜，官至沛国相。弱冠之年，父亲为陈登取字元龙，对其寄予厚望，希望他能够像龙一样飞腾在天，为国家建功立业。陈登出生的沛国是汉高祖刘邦的出生地，在汉朝，由于是开国皇帝的家乡，因此另立了一个封国，叫沛国，在今天江苏、安徽北部一

陈登

带。朝廷也十分重视对这些封国的治理，因此，这里形成了崇文重教又尚武强身的风气。陈登的父亲陈珪作为沛国相，富有家学渊源，是汉朝的知名人士，他生有四个儿子，陈登是老大。陈珪家教很严，要求陈登兄弟四人熟读诗书、学习兵法、强身练武，期待儿子们文武双全，长大后报效祖国。作为家中的长子，陈登从小就聪明好学、为人爽朗、性格沉静、智谋过人。他少年时就有扶世济民之志，并且博览群书，学识渊博，很有才艺。陈寿所写的《三国志》上说陈登：“学通古今，处身循礼，非法不行，性兼文武，有雄姿异略。”“忠亮高爽，沉深有大略，有扶民济世之志。”年纪轻轻的陈登就以性格豪爽，深谋远略，有扶民济世的志向而闻名乡里。

《先贤行状》中则说陈登：“忠亮高爽，沈深有大略，少有扶世济民之志。博览载籍，雅有文艺，旧典文章，莫不贯综。年二十五，举孝廉，除东阳长。”陈登25岁时，因为品行优良，学识过人，被乡里推举为孝廉。在汉代，还没有实行科举制度，孝廉就相当于后来科举中的进士，一般的人如果不是立了军功，只有在举孝廉后，才有担任官员的资格。也就是说，陈登在25岁就取得了担任地方官员的资格。后来徐州牧

小贴士：举孝廉

举孝廉是汉朝的一种由下向上推选人才为官的制度。孝廉是察举制的主要科目之一。孝廉，即孝子廉吏。被举人的资历，大多为州郡属吏或通晓经书的儒生。举孝、察廉原为察举的两个科目，汉武帝元光元年初令郡国举孝、廉各一人。后来，孝廉则往往连称被混同为一个科目。郡国岁举的孝廉，到了京师之后，要依其科目及被举人的学艺不同，由中央政府分别加以考试。被举孝廉后的任用升迁情况，在中央以郎署为主，再迁为尚书、侍御史、侍中、中郎将等官；在地方的则为令、长、丞，再迁为太守、刺史。孝廉一科，在汉代属于清流之目，是官吏晋升的正途，汉武帝以后，一直到东汉，不少名公巨卿都是孝廉出身。举孝廉制度对汉代的政治影响很大，到了隋代被科举制所代替。

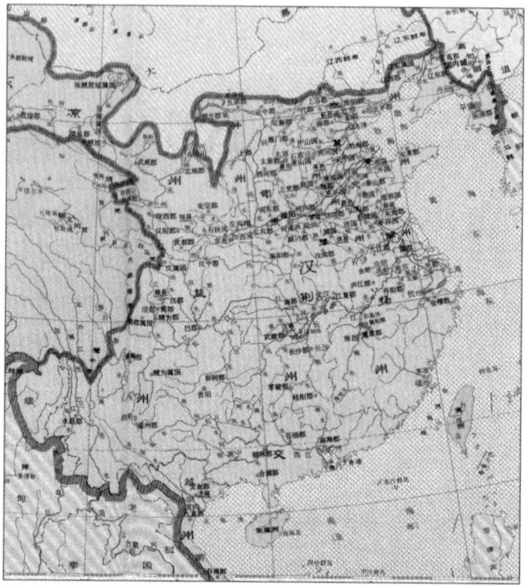

东汉时十三州形势图（《简明中国历史地图集》）

陶谦推荐他担任东阳县令。当时的东阳县管辖今天的金湖县、盱眙县和天长市北部、宝应县西部一带地区。相当于今天的江苏扬州、淮安和安徽滁州三市的交界地区。这里地处苏北平原，有众多湖泊、土地肥沃，适合种粮养鱼。陈登虽然年轻，但到任后，他能够体察民情、抚弱育孤，带领老百姓发展农业生产。《先贤行状》评价他“养耆育孤，相民如伤”。史书记载，陈登为官期间，以体恤百姓、秉公执法、为民办实事为己任，经常深入基层了解老百姓的困苦，帮助穷人、养育孤儿。特别是他带领老百姓兴修水利、发展农业，深受地方百姓的爱戴。

陈登担任东阳县令不久，深受战争破坏的东阳县

小贴士：州牧和刺史

州牧和刺史都是州的长官，“刺史”的工作对象是地方官吏，是监察性质的职务；“牧”的工作对象是百姓，是行政性质的职务。相比较而言，州牧的权力更大。州刺史是汉武帝时设置的，为了加强对地方的监管，将天下分为十三个州，每个州设刺史一名，目的是监视所在州内的郡国及官员。刺史最早不是行政长官而是监察官员，没有固定治所，任职时常年在各郡国巡视。西汉后期成帝时和王莽篡汉时，都曾经改刺史为州牧，这就是州牧最早的由来。州牧俸禄二千石，远高于刺史的六百石。在王莽建立新朝政权时，州牧甚至可以世袭，还授予军职，手握兵权，原本刺史的监察职责则由州牧的副手州监负责。州牧成了行政兼军事长官，还拥有镇压叛乱等更大的权力。后来，朝廷又将州牧改为刺史，灵帝时又改为州牧，东汉建武十八年重新改回刺史。由于汉朝州刺史与州牧这两个官职曾经两次反复罢置，因此一直并存沿用至三国时期。

就恢复了战争前的经济状况，百业俱兴，人口增加。陈登表现出不同凡响的治理天赋，在汉末正是用人之际的大环境中脱颖而出，远近闻名。当时的汉朝虽然名义上是一个统一的国家，但各地州牧、刺史基本都是割据一方，对官员的使用有较大的自主权。当时徐州一带常遭遇水旱灾害，老百姓常常因收成不好，没有粮食吃而逃荒。徐州牧陶谦慧眼识珠，看到陈登这么能干，而且擅长水利建设，懂得农业生产，不久就向朝廷推荐陈登担任徐州典农校尉，管理一州的农业水利及民政、税赋工作，以期振兴徐州的农业经济。

主管农业兴水利

陈登的伯乐陶谦字恭祖，是丹杨（今安徽宣城市）人。在黄巾军起义时，陶谦被朝廷任命为徐州刺史，带兵围剿黄巾军。他善用计谋，多次打败黄巾军。董卓作乱时，各州郡都起兵讨伐董卓，他也积极带兵参与。汉献帝被迫迁都长安后，各地都停止向朝廷进贡，而陶谦坚持派人定期向朝廷进贡，使皇室人员有饭可吃。后来他被朝廷任命为安东将军、徐州牧，加封溧阳侯。总体上说，陶谦是一位好官，在他的治理下，徐州成为汉末乱世中相对安定富裕的一个地方。但由于年龄已大，他也在积极物色接班人，来接手管理徐州的军政事务，对陈登的任用也是他的人才培养计划之一。他先是让陈登当一县之长，然后又让他主管经济，就是在对陈登进行多岗位的锻炼。他提拔年轻的陈登来管理农业水利可真是选对了人。

陶谦

典农校尉是汉末新设的一个官职。汉献帝时才开始置此官，掌管屯田区的农业生产、民政和租赋，相当于今天的省农业厅、水利厅、民政厅加财政厅所管的业务范围。职级与郡的太守相当，又称典农中郎将。汉末朝廷兴起屯田，大的屯田区的最高官员称中郎将，小的称校尉，秩比二千石，俸禄相当于六品官。陈登担任徐州典农校尉，管理一州的农业水利和民政租赋后，展现了他在农业水利和经济管理方面的才能。陈登上任的时候，徐州一带闹饥荒，他带领百姓抗灾自救，因地制宜地种植各种谷物，获得了丰收，有效地缓解了饥荒。《先贤行状》记载：“乃巡土田之宜，尽凿溉之利，粳稻丰积。”也就是说，陈登担任典农校尉时就是一个勤勉的官员，经常深入基层调查民情，向富有

小贴士：《先贤行状》

《先贤行状》主要用于记载汉末三国时期历史人物的言行事迹，是一部真实展现行状文体萌芽时期最初面貌的书籍，对行状文体的发展起到重要的桥梁作用。先贤指已经去世的有才德的人，行状是我国古代的一种传记文体，主要记载死者的世系身份、姓氏籍贯、生卒年月，及其一生的行事大略。裴松之在给《三国志》做注时大量引用《先贤行状》，如介绍陈登少年时的情况、担任东阳令及徐州典农校尉，讲陈登去许都见曹操并担任广陵太守，以及后来与孙策交战的记载都来自《先贤行状》。还有陈登生病，华佗为他医治，后来陈登病情再次复发，华佗不在，陈登无药可医，英年早逝的相关内容也主要来源于《先贤行状》的资料。

经验的老农请教，了解当地的水文地理情况。在此基础上，他修缮、建设了一批农业水利工程。当时徐州管辖范围主要在江淮之间，包括今天的苏北和皖北地区。这里水网密布，土地极其肥沃，但因为尚未完全开发，水利系统又不健全。干旱年份，农田缺水灌溉，农作物就会减产。洪涝年份，洪水一来，庄稼受淹，农民颗粒无收，基本是望天收的状态。

陈登上任后，在总结当地的水文情况，分析历年水旱现象的基础上，科学规划建设了一批水利设施，实施疏导与堵缺相结合的办法，带领百姓开挖水库积蓄雨水，理通渠道，引淮河及支流泗水的水来灌溉农田，使徐州的农田实现了旱涝保丰收，老百姓收获了很多水稻。在陈登的努力下，徐州“百姓殷盛，谷米丰赡”。由于汉末时长江以南地区还没有大规模开发，徐州成为全国所有经济区中水稻种植产量最高的，成为除关中、关东经济区外又一个主要的粮食经济区，为朝廷贡献了大批的漕粮。因为战争而流离失所的四面八方的流民都纷纷赶到徐州来归附，徐州一时间人丁兴旺，逐渐成为汉末动荡年代比较强盛的一个州。如果在和平安定的时期，陈登一定会成为一位为民造福的好官，但汉末的动荡局面使陈登不由自主地卷入了军阀混战的纷争中。

群雄逐鹿争徐州

汉献帝初平四年（193），割据兖州一带的曹操集团逐步强大起来，成了当时全国的重要割据势力。曹操是个孝子，为了尽孝道，他派遣泰山太守应劭前往琅琊迎奉他的父亲曹嵩及其家人共百余口到兖州来享福。一行人途经徐州时，徐州牧陶谦为讨好曹操，特地委派都尉张闿带领一队士兵护送曹嵩一行。不料在路上张闿看到曹家这么多财物，起了贪心，杀死了曹嵩及其家人，并席卷财物而逃。曹操知道后大怒，便把杀父之仇这笔账记在了陶谦身上，硬说是陶谦派人杀死了他的父亲及家人。他表面上以为父亲报仇之名，发兵攻打徐州，实际上是要拿下徐州这块兵家必争之地，以在诸侯争霸的战争中抢得先机。曹操所据守的兖州本来就靠近徐州，他在讨伐董卓的战斗中，训练了一支强大的军队，战斗力要比徐州军队强大得多。曹军所到之处，陶谦的军队望风而逃，很快就攻到了徐州城下。陶谦面对兵临徐州城下的曹操大军，自知难以抵敌，便采纳别驾从事糜竺的建议，派人送信请附近的北海相孔融、青州刺史田楷前来相救。糜竺自愿去北海求救，谁去青州求救呢？陶谦问帐下一干人等。此行危险重重，大家都在犹豫。“我来！”年轻的陈登挺身而出，自愿冒险突围去青州搬救兵。

紧急关头，陈登圆满完成任务，搬来青州刺史田楷

三让徐州（汪玉山绘）

相助。与此同时，北海相孔融也接到了求救信，由于兵力不足，于是请驻扎在附近的刘备一同前去救陶谦。刘备是汉皇室中山靖王之后，是魏蜀吴三国中蜀国的创始人。他接到孔融的请求后，就带领关羽、张飞、赵云率数千兵马奔赴徐州。这在《三国演义》中被演绎成了陶谦三让徐州给刘备的故事。其实，陶谦在去世前，就安排他的下属将徐州交给刘备管，而后由这些官员将刘备迎来徐州的。这些官员中就有典农校尉陈登。

话分两头说，就在这一年，被李傕、郭汜赶跑的吕布出武关，投奔袁术。袁术出身于汉朝豪族，当初也是讨董卓军的将领。他痛恨吕布当初助董卓为虐，对吕布是拒而不纳。后来吕布又去投袁绍，袁绍接纳他并与他在常山（今石家庄）一起打败了黄巾军的最后一支部队张燕的黑山军。不久之后，吕布自恃功劳大，傲慢地对待袁绍手下将士。袁绍在部下的强烈要求下打算杀了吕布。吕布又跑去依附张杨，后来又去依附张邈。在张邈军中时，正好徐州陶谦手下来向张邈搬救兵，谋士陈宫看到吕布来投，心生一计，向张邈建议，何不乘曹操东征徐州的机会，派吕布偷袭曹操的根据地兖州。这其实是陈宫的围魏救赵之计，目的是让曹操回军救兖州，从而为徐州解围。张邈派吕布带领手下去夺取曹操的兖

小贴士：陈宫

陈宫（？—199），字公台，是东汉末年吕布帐下首席谋士，东郡东武阳（今山东莘县）人。史书上称他性情刚直，足智多谋，年少时与海内知名之士相互结交。一开始他是曹操的谋臣，192年，兖州刺史刘岱在讨伐青州黄巾时战死，陈宫等人帮助曹操接任兖州牧，因而被曹操视为心腹。后来，陈宫背叛曹操，游说张邈迎吕布入兖州，辅助吕布攻打曹操并先后取得兖州与徐州。下邳城中，吕布因不听陈宫两面互补之计，以致失败。陈宫战败后，随吕布等一同被曹操所擒。曹操一度想劝他再度出仕，但陈宫不为所动，赴刑场受刑而死。之后陈宫家族一直由曹操供养。

州，曹操只好回军救援，这样就自然解了徐州之围。

兴平元年（194），徐州刺史陶谦病死，陈登等人主持徐州政事。当时刘备等人还驻扎在徐州一带，陈登坚持与同僚们一起迎来刘备继任徐州牧，陈登对刘备是倾心拥戴。尽管这是陶谦生前的嘱托，陈登等徐州的官员邀请刘备来担任徐州牧，但刘备担心诸侯不服，不愿领徐州，这里就有陈登三劝刘备的故事。

陈登一直认为汉末豪强中刘备有仁义，在各地豪强中有威望，是位值得信任的好官。按照陶谦生前的安排，他认为让刘备领徐州是最好的选择。《三国演义》中说到这段故事，陈登看到刘备推辞，于是他对刘备说："如今汉室凌迟，海内倾覆，立功立事，就在今日。徐州有上百万的户口，而且地处淮河两岸，土地肥沃，民众富裕，是你刘使君建立功业的大好平台。"但是刘备还是推辞说："袁术就在靠近这儿的寿春，他是四世五公的后代，海内众望所归，你们可以将徐州托付给他。"于是陈登又说，袁术这个人骄豪，不是治乱之主。并向刘备表态，可以为使君您整顿十万的步骑兵，上可以匡扶汉室，救济百姓，成就春秋五霸一样的事业，下可以割据一方，在历史上建立功业。

这时，一旁的孔融也劝刘备说：“袁术不是个忧国忘家的人，他只顾一己私利，只是个墓中的枯骨，不足以成大事。今天请您担任徐州牧的事，是众望所归，天给予您的，您如果不取，以后您会后悔不及的。”可是刘备还是犹豫不决，下不了决心，于是陈登又想到袁绍，因为袁绍是讨董卓联盟的盟主，也是当时力量最强的割据势力。他想，以当时袁绍的身份说起话来那可是绝对有分量的，刘备肯定会听。于是，陈登给袁绍写了封书信：“天降灾沴，祸及鄙州，州将殂殒，生民无主，恐惧奸雄一旦承隙，以贻盟主日昃之忧。辄共奉故平原相刘备府君以为宗主，永使百姓知有依归。方今寇难纵横，平遑释甲，谨遣下吏奔告于执事。”袁绍被陈登说服了，他也认为：“刘玄德弘雅有信义，今徐州乐戴之，诚副所望也。”于是便站出来劝刘备，有了袁绍的大力支持，刘备这才愿意领徐州。后来刘备奉曹操之命讨伐袁术时，陈登也自觉协同张飞治守徐州，成了刘备的重要助手之一。正是有了徐州作为根据地，刘备才能发展自己的势力，为日后进军蜀中，建立蜀汉，三分天下打下了坚实的基础。

建安元年（196），被曹操打败的吕布，无处可去。

听说刘备当了徐州牧，仗着过去与刘备有交情，就跑到徐州依附刘备。关羽、张飞与陈登等都劝刘备说吕布这人是个小人，不能收留他。但刘备不听部下劝告，执意收留吕布，并将他安顿在小沛。后来，曹操施了一招借刀杀人之计，让汉献帝下诏给刘备让他担任徐州牧，并让他带兵讨伐袁术。刘备无奈，只好留下张飞与陈登一起守卫徐州。刘备知道张飞容易酒后误事，于是临行前，一再告诫张飞，不得饮酒。张飞满口承诺不饮酒。但刘备走了后，张飞还是没熬住酒瘾，不听陈登的劝阻，执意饮酒，醉酒后打了部下曹豹。这导致曹豹投奔吕布，引来吕布乘刘备不在徐州之时，从张飞手中夺取了徐州，自称徐州牧。吕布夺取徐州客观上也为被刘备进攻的袁术解了围，这才有了后面的袁术向吕布求亲之事。此时的徐州的陈登父子也只好假意投在吕布门下，以待良机。

第二章　奇谋迭出真英雄

献计曹操破吕布

陈登在名义上虽改属吕布，但对吕布的为人深恶痛绝，寻思着找机会除掉吕布。建安二年（197），陈登和他的父亲陈珪设法解除了吕布与淮南袁术之间的联姻，削弱了吕布的力量。随后，陈登出使许都，向曹操当面献上破吕布之计，深得曹操嘉许，被任命为广陵郡（治所在今江苏省扬州市北）太守。陈登在东汉的乱世中，选择了与挟天子以令诸侯的曹操合作，在当时是一个明智的选择。当时国家的政令都由在曹操控制下的皇帝汉献帝发布，因此曹操也代表了皇权，陈登作为朝廷任命的官员，听命曹操就是服从中央的统一领导。《三国志》记载，他曾赴许昌见曹操，说吕布“有勇而无谋，轻于去就，宜早图之。”这里还有一段陈登与他父亲陈珪一起，助曹操谋吕布的故事。

曹操像

在东汉末年的逐鹿群雄中，曹操是一个有勇有谋的人，而且胸怀大志，有雄才大略，他最强的政治手段就是挟天子以令诸侯。他在山东听说汉献帝还都洛阳，与谋士们商量如何应对此事。足智多谋的荀彧建议曹操乘皇帝没有人帮助的时候去迎奉汉献帝，奉天子以令天下。这个建议得到了曹操的赞许。正在这时，朝廷的使者带着诏书来到山东，诏令曹操到洛阳勤王。于是，曹操尽起山东之兵，应诏前往洛阳。之后，曹操打败了追赶汉献帝的李傕、郭汜叛军，赶跑了杨奉、韩暹等人，将汉献帝接到许昌。从此，曹操以许昌为都城，在许都造宫室，立宗庙社稷、省台司院衙门，修城筑郭。他自封为大将军，开创了挟天子以令诸侯的局面，并在许都奠定了三国中最强大的曹魏江山的基础。

当时，地方割据势力中实力较强的除了曹操、袁绍外，割据淮南的袁术也是一支重要的力量，袁术出身显赫，是东汉司空袁逢的嫡次子。作为扬州牧，袁术占有长江中下游一带经济富裕地区，早有称帝的野心，但他苦于没有称帝的资望能力，于是就想结交吕布作为援助力量。吕布这个人有勇无谋，有奶便是娘。袁术写信给吕布，大意说，吕布你杀了董卓，为我们袁家报仇雪恨了，刘备这无名之辈举兵犯我，也被你攻破了，你是我的大恩人啊，听说你缺衣少粮，我现在就送你二十万斛的米，缺什么尽管问我要。吕布看到信后大喜。袁术还提出娶吕布的女儿为自己的儿媳。吕布想，袁术只有一个儿子，自己女儿嫁给袁术的儿子后，袁术如果称帝，女儿就有可能是皇后。即使以后当不了皇后，但徐州与扬州联姻了，袁术也不会进攻徐州了，于是答应了袁术的联烟。袁术就准备了聘礼，派了手下韩胤到吕布那里迎娶吕布的女儿。吕布连夜置办了嫁妆，收拾宝马香车，令部将宋宪、魏续带着一支军队，陪着韩胤敲锣打鼓地送女儿去袁术处成婚。

陈珪

且说，吕布嫁女之日街上鼓乐喧天，惊动了一个人，他就是在家休养的沛相陈珪——陈登的父亲。他一打听，原来是袁术要与吕布联姻。陈珪赶紧让陈登回家来商量，父子俩一合计，觉得袁术和吕布联姻会成为国家大患。当时，吕布统领徐州（今天的山东南部、江苏安徽北部、河南东部），袁术统领扬州（当时扬州的治所在安徽寿春，其范围包括今天的江苏、安徽、浙江、福建、江西等省），两家若是联合，势力不可小觑。于是陈珪赶紧跑去求见吕布，吕布问道："大夫找我何事？"陈珪回答说："闻将军死至，特来吊丧。"吕布怒问："何出此言？"陈珪解释说："以前袁术送金帛给您，求您杀了刘备，并派纪灵来攻刘备，您以辕门射戟让他们和解了。今天袁术来求亲，他的本意就是以你的女儿为人质，随后他就会来攻打刘备守的小沛，小沛失去了，徐州也就危险了。以后他一会儿来借粮，一会儿来借兵，如果你答应了，就会疲于奔命，又会结怨于其他势力。如果不答应，就是放弃亲戚关系挑起战争。而且袁术早有称帝的意图，这是造反的行为。如果他造反，你就是反贼的亲属，为天下所不容也。"一贯没有主张的吕布一听大惊，原来自己一不小心闯了这么大的祸。这时他也怨恨袁术当时没有接纳自己的旧事，于是改变了主意。这时候送女儿出嫁的队伍已经在三十里地之外了，他赶忙派人追上送嫁的队伍，追回女儿，将韩胤逮回监禁，并派人回报袁术，说女儿嫁妆没有准备好，要等一等再送。

小贴士：辕门射戟

辕门射戟最早出自《三国志·吕布传》，讲述了三国名将吕布利用射戟阻止袁术击灭刘备的历史典故。后来罗贯中将这个典故改编为脍炙人口的“吕奉先射戟辕门”，写入《三国演义》第十六回。建安元年（196），袁术派大将纪灵带领步骑共三万多人马征讨刘备，刘备向吕布求援。吕布领步兵千人、骑兵二百，飞速赶往小沛。纪灵等人听说吕布前来援救刘备，只好暂时收兵，不敢轻举妄动。纪灵请吕布一起饮酒。吕布对纪灵等人说：“刘玄德是我吕布的贤弟。如今他被诸位所围，我特意赶来救他。我吕布生性不爱看别人互相争斗，只喜欢替别人解除纷争。”吕布命门候在营门中竖起一支戟，说：“诸位看我射戟上的小支，如一发射中，诸君当立即停止进攻，离开这里，如射不中，那你们就留下与刘备决一死战。”他引弓向戟射出一箭，正好中了小支。诸将大为震惊，夸赞说：“将军您真是有天神般的威力呀！”第二天，吕布又与诸将欢会宴饮，然后各自回兵。

陈珪随后又对吕布说：“现在曹操辅佐皇帝，号令天下，你同袁术结亲，会被天下人指责做不道义的事情。

如今为了补救，可以派我儿陈登将韩胤送到许都去让曹操处置，并向曹操说明情况。”吕布对曹操不太信任，因此一开始不同意派陈登去见曹操。这时恰巧曹操派王则拿着皇帝的诏书来到徐州见吕布。吕布将王则迎入府中，王则开读诏书，封吕布为平东将军，并赐印绶。吕布大喜。这时候，下面人报告袁术的使者也到了。吕布将使者唤入问他有什么事，使者说：“袁公早晚都要即皇帝位，正在打算立东宫太子，现在催您将太子妃早日送到淮地。”吕布大怒：“反贼焉敢如此！”于是杀了袁术来使，并将韩胤用枷锁钉了，派陈登拿着谢恩信，解押韩胤，一同到许都谢恩。临走时，吕布叮嘱陈登到曹操那里去为自己多多美言，想谋求徐州牧的职务。

陈登去许都见曹操，表面上是为吕布求职，暗地里却对曹操说：“吕布这个人有豺狼之性，有勇无谋，一会儿投靠张三，一会儿又背弃张三投靠李四，太轻率了，应当及早除掉他。”曹操说：“我早知道吕布是豺狼一样不可驯服，而且有野心，不能久养，不是你们父子，我还真不知道其中真实情况。你们要帮我计划计划。”陈登回答说：“丞相如果有所举动。我们一定会作为内应。”曹操随即上表让朝廷加陈珪俸禄二千石，也就是相当于州牧的俸禄，并任命陈登为广陵郡太守。临别时，曹操拉着陈登的手说：“东方之事，便于相付。”意思是将谋取东方的事托付给了陈登。

陈登从许都归来见吕布，吕布看到他们父子都升了官，非常生气：“我想通过你去谋求徐州牧没有成功，你自己倒是升官了。”于是拔出剑来砍掉桌角，大怒地说：“你们父子劝我协同曹公，与袁术断婚。你不为我求徐州牧，反而自求爵禄。现在我所求的一无所获，但你们父子都受到了重用。我被你们出卖了，你们给个说法。”面对这样紧张的场面，陈登一点都不为动容，他大笑着对吕布说：“将军你怎么不明道理，我对曹操说你吕布如同老虎，吃饱了才不吃人。曹操却说，吕布好比老鹰，饿了才能为他所用，饱了就飞走了。现在狐兔未息，不敢先喂饱你。”这番话一说，引起了吕布的疑问，忙问谁是狐兔？陈登这才慢悠悠地说：“我也问了曹操，谁是狐兔？曹操回答说，淮南袁术、江东孙策、冀州袁绍、荆湘刘表、益州刘璋、汉中张鲁，皆狐兔也。”浅薄的吕布一听，原来曹操把我比作勇敢的老鹰，怕失去我才没给我徐州牧，于是放下剑笑着说：“还是曹公知我！”他对陈登父子的怀疑自然也就消除了。

另一边，袁术因为吕布拒绝联姻又绑了他的部将韩胤而大发怒气，与韩暹、杨奉等割据势力联合起来进攻吕布。他先是派出大将张勋前来攻打吕布。一贯没有主张的吕布急了，他把陈珪找来责问他说："袁术派兵来打我了，都怪你出的馊主意，现在怎么办？"陈珪回答道："他们是仓促凑起来的队伍，不会长久，不足为虑。让我儿子走一趟，定可瓦解他们。"于是吕布派出陈登游说韩暹、杨奉。陈登来到对方营帐，对他们二人说："你们与袁术合作没有前途，希望你们与吕布联合攻打袁术的军队，所有物资统统归你们使用。"韩暹、杨奉两个武夫也没有主张，一听，此计甚好，于是跟吕布联合起来进攻袁术的军队，打败了袁术的大将张勋。这两人与吕布都是行伍出身，臭味相投。吕布上表保韩暹为沂都牧、杨奉为瑯琊牧，并打算将两人留在徐州帮助他。为防止这两人在徐州成为吕布的爪牙，壮大吕布的势力，会影响到日后图谋吕布的事情，陈珪、陈登父子又说服吕布将两人派往沂都、瑯琊两地屯守。陈珪、陈登父子通过一次次的谋略，削弱了袁术、吕布的势力，为曹操复兴汉室作出了贡献。

巧做内应夺徐州

建安三年（198）冬，吕布再次叛变曹操，投降袁术，并派高顺攻打刘备驻守的沛地，攻破了沛。曹操派夏侯惇去救刘备，又被高顺打败。因此曹操挥军东出，亲征吕布。在广陵郡的陈登得知曹操东征的消息后，亲率广陵郡的精兵作为曹操的先驱，赶赴徐州战场。这是《三国志》中描述的情况。

而《三国演义》里还有一段陈登做内应，用计巧取徐州的精彩故事。说当曹操攻打吕布时，小沛受到曹兵的攻击，吕布要陈登与他一起去救小沛，令陈珪守徐州。陈登临行前，陈珪对他说：“当初曹公曾言东方之事尽付于汝，今布将败，可便图之。”陈登回答道：“外面之事，儿自为之。倘布败回，父亲便请糜竺一同守城，休放布入。儿自有脱身之计。”陈珪又问：“吕布的妻儿老小在此，心腹颇多，为之奈何？”陈登回答：“儿亦有计了。”于是他跑去见吕布说：“徐州四面受敌，操必力攻。我当先思退步。可将钱粮移于下邳，倘徐州被围，下邳有粮可救。主公盍早为计？”吕布很听陈登的，他说：“元龙之言甚善。吾当并妻小移去。”遂令宋宪、魏续保护妻小与钱粮，移屯下邳。

吕布与貂蝉

吕布安排好家眷，才与陈登一道率军先救萧关。走到半路，陈登假意对吕布说，不知萧关上面情况，为了吕布的安全，可由他先到关上探探曹军虚实，吕布大军随后再来。于是陈登先来到关上，对守将陈宫说，吕布责怪他们不肯向前，要来责罚他们。让陈宫等人感到很紧张。到了晚上，陈登假装亲自上关向曹军方向观望，只见曹兵已经直逼关下。他暗地里写了三封信，乘夜间拴在箭上，射下关去，向曹操通风报信。

第二天，陈登辞别陈宫，来见吕布。陈登对吕布说：“关上孙观等将领都打算献关，我已留陈宫等把守。将军可在黄昏时杀去救应。”吕布一听大惊：“不是你报信，此关休矣。”他让陈登先至关上约陈宫做内应，举火为号。哪知陈登到了关上，向陈宫谎称：“曹兵已抄小路至关内，恐徐州有失，你应该赶紧回兵徐州。”陈宫信以为真，率领将士弃关而走，陈登在关上放起火来，让吕布觉得陈宫等在关内需要接应。吕布乘黑夜杀过来，与陈宫的部队在黑暗里自相残杀。曹操的军队望见陈登与他们约定的火把信号，也一齐杀到，杀得吕布的军队四散逃命。到了天明，一看，自己人打自己人，吕布方知上当，赶忙与陈宫一起回兵徐州。到了徐州城边叫门时，城上乱箭射下，糜竺在城楼上喊道：“你夺了我主人的城池，今天应当还给我主人了。”吕布大怒地问：“陈珪何在？”糜竺骗他说：“我已杀了他了。”又问：“陈登何在？”这时知道上当的陈宫说：“将军，你到了现在还执迷不悟地相信陈登这个奸贼呢？”此时军中到处找不到陈登。无奈之下，吕布和陈宫一起往小沛撤退。半路上遇到小沛的守将张辽，一问，原来陈登早一步赶到小沛对张辽说，主公被围，令他来解救。陈宫说：“这又是陈登的诡计，小沛可能也失掉了。”吕布大怒说：“必杀此贼。”于是合兵一处赶忙来到小沛，只见小沛城上已是尽插曹军旗号。原来又是陈登与曹操合谋用计取了小沛。吕布在城下大骂陈登。陈登在城上也指着吕布骂道：“我乃是汉臣，怎么能肯听命你这个反贼呢？”这时，刘备部下张飞、关羽等率军杀到，吕布只好败走下邳。

陈登帮助曹操谋取徐州，并围吕布于下邳城。这时陈登的3位弟弟还在下邳城，吕布就以陈登3位弟弟作为人质，威胁陈登与自己合作，攻打曹操，但陈登拒绝了吕布的威胁，他反而率兵更加紧锣密鼓地围攻下邳城。吕布任命的徐州刺史张弘，害怕吕布兵败后被连累，趁夜将陈登的3个弟弟放出，让他们回到陈登身边。面对挟天子以令诸侯的强大的曹操军队，吕布打算投降。他的部将陈宫等人因为过去得罪曹操太多了，怕投降后被曹操杀掉，阻止了吕布投降的打算。吕布一面派人向袁术求救，一面自己带了上千名骑兵出战，又被曹军打败了，只好退守城内。袁术因为上次求婚不成的事情，也不肯派兵来救。

白门楼吕布殒命（清刊本《三国演义》）

吕布虽然骁勇善战，但有勇无谋，而且对人多猜忌，不能有效地控制其部下。曹操围了吕布三个月，吕布的部队上下离心，他的部将侯成、宋宪、魏续等合谋反水，绑了陈宫，率众投降。吕布退守白门楼，被曹兵团团围住，不得已只好投降。曹操派人捆住吕布，吕布嫌疼，请求说：“绑得太紧了，能不能松一点？”曹操回答说：“缚虎不得不急也。”后来在刘备的劝说下，曹操杀死了吕布、陈宫、高顺等。陈登巧施妙计，帮助曹操得了徐州、小沛，击败了吕布。吕布伏诛后，陈登因为国立下了巨大的功勋而晋封为伏波将军，仍为广陵太守。东汉初的名将马援也曾经被封为伏波将军这一职位，马援是位虎将，号称“马革裹尸将军”。曹操让汉献帝封陈登为“伏波将军”，足见对陈登的器重。

广陵太守善治政

广陵郡在长江与淮河之间，管辖范围相当于今天的扬州、泰州、淮安、盐城、南通一带，这儿在汉代是处在中原已开发地区和江南未开发地区的结合地带。陈登就任广陵太守后，将郡治南移到古邗沟旁的射阳古城（今江苏省宝应县东南）。他明赏罚，重威治，使广陵松弛的吏治为之一振。史书记载：“登在广陵，明审赏罚，威信宣布。海贼薛州之群万有余户，束手归命。未及期年，功化以就，百姓畏而爱之。”

汉代时因长江口门还在今天的扬州附近，当时的广陵郡，靠近东海。境内河网密布，水上交通成为人们出行的主要方式。广陵附近的海上有一支海盗队伍，领头的首领叫薛州，这个人骁勇善战，仗义疏财，专劫富人，对穷人却很关照。因此很多受恶霸欺负，日子过下不去的老百姓都去依附他，奉他为首领，他又兼并了其他几支海盗武装，队伍很快就发展到上万人。陈登了解到薛州的情况，觉得薛州这支海盗武装可以争取，为了组建一支水军用于防范东吴的进攻，策应曹操，他多次派人去招降薛州，对他晓以大义。薛州也听部下说过陈登是一个为民办实事的好官，渐渐对他产生好感。陈登答应不追究薛州及手下过去犯下的罪行，并让他担任改编后的水军部队的将领。这样，通过恩威并济，陈登成功

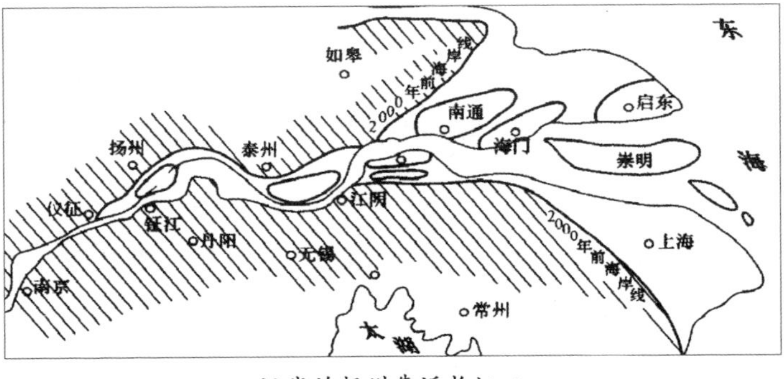

汉代的扬州靠近长江口

地化解了薛州武装，保了百姓的安宁，同时并将这支队伍转为己用，用这支海盗武装组成了一支强大的水军，在以后防范东吴军队进攻广陵郡的战斗中发挥了重要的作用。因为，东吴与广陵隔江相望，都地处河网密布地区，都善用水军，《三国演义》上写到孙坚进攻刘表时，就“便差黄盖先来江边安排战船，多装军器粮草，大船装载战马。”因此，要防东吴，必须有一支强大的水军。

与此同时，陈登很注意安抚民众，开挖运河、修筑堰塘、兴修水利，发展农业生产。同时，还利用广陵东部沿海的淮南盐场煮海水晒盐，获得了充足的赋税，不到一年时间，便使广陵郡呈现出欣欣向荣的气象。当时陈登的郡治射阳就在今天的宝应县射阳湖镇，这里是春秋时期吴王夫差所开邗沟的必经之地，水路运输十分发达，经济繁荣。经过陈登的治理，广陵郡政通人和、兵强民富，当时在射阳古城附近就集聚了大批的官员和有钱人，许多名人都出自射阳古城，著名的建安七子之一陈琳就是广陵郡射阳县人，他在这里生活了一段时间。如今，射阳古街上还留下了陈琳故居以及陈琳的塑像。

射阳古城地处鱼米之乡，又位于江淮之间的主要交通线旁，在陈登的治理下很快繁荣起来，其他地方的有钱人也纷纷来到这里定居。因为广陵郡的富人都聚集在射阳古城，这些人死后葬在这里，因此形成了一个庞大的墓葬群，至今射阳古城旁还留有号称“九里一千墩”的大规模汉墓群。

小贴士：“九里一千墩”汉墓群

“九里一千墩”汉墓群位于江苏省扬州市宝应县东边的射阳湖镇，从射阳湖镇赵家村起，一直延伸到天平村附近，东西长约4.5千米，整个墓区墓墩数以千计。建安五年（200），广陵太守陈登将广陵郡治从山阳（今淮安）迁到当时的射阳古城，即今天的射阳湖镇附近。同时对邗沟古道进行改浚。他兴修水利，发展农业经济，使射阳很快繁荣兴旺起来，成为广陵郡的政治经济中心。历史上这里形成了较为集中的土墓，清代以来一直称为“九里一千墩”。史书上说项伯和建安七子陈琳墓也在这里。这里的汉墓中曾出土“汉铜虎”“千斤镫”“双鱼铜洗”等汉代以来的铜器、陶器、玉器、铁器等珍贵文物数百件。1960年调查统计尚有大小墩埠八百余座。这些较为集中的古墓为了解汉代射阳县的政治、经济、文化、历史提供了内涵丰富的实物资料。

“九里一千墩”汉墓群

在广陵郡，陈登还有过一段识人辨才的故事。早年广陵名士陈矫为了避乱，曾在江东一带居住，当时孙策和袁术都曾礼聘过陈矫，但陈矫都不愿应命出仕。后来陈矫回到故乡广陵郡居住，广陵太守陈登邀请陈矫出任郡功曹。陈矫觉得陈登这个人道德高尚，能力又出众，于是甘愿当了陈登的部下。

一次，陈登请陈矫到许昌去一趟，他对陈矫说：“许都一带的文士有一些议论，似乎对我的评价并不太好，请你到许都走一趟，为我听听消息，再回来告诉我。”陈矫应命去许都走了一遭后，回来跟陈登说：“我到许都后，听了很多人的言论，都认为您这个人为人很骄傲自大。”陈登回答说：“说到家门严谨，德行俱全者，我最敬重陈元方（陈纪，东汉时的道德家）两兄弟；说到德行清高，如玉般洁白者，我最敬重华子鱼（华歆，东汉时的豫章郡太守）；说到正直有义，疾恶如仇者，我最敬重赵元达（赵昱，东汉末期广陵太守）；说到博闻强记，才华横溢者，我最敬重孔文举（孔融，东汉时的名士）；说到英雄杰出，有王霸之略者，我最敬重刘玄德（刘备）。我如此尊敬他人，又怎会是一个骄傲的人呢？只是因为其他人太过庸碌，不值一谈而已。”这个纵论天下英雄的故事充分说明陈登有雄才大略，以天下为己任，尽管只是担任一个郡的太守，思考的却是治理国家的大事，而且对全天下英雄都了如指掌。

广陵郡在陈登的治理下欣欣向荣，百姓安居乐业。老百姓对陈登的治国理政能力十分佩服，对他是既敬畏又拥戴，陈登在当地树立起很高的威望。由于很得江淮地区的民心，陈登有了统一江南的志向，于是向曹操献计派兵征服东吴。但是当时曹操的精力主要用在与袁绍争夺中原的地盘上面，并没有及时采纳陈登的建议，导致错失良机，让东吴势力逐渐做大，后来成为曹操一统中国的最大障碍。

第三章　重开邗沟通运河

群雄逐鹿开运河

秦汉时期，由于区间运河的不断完善，开始有了服务大一统帝国的漕运。西汉开挖了漕渠，使山东各地的粮食通过运河及自然河道源源不断地运至关中。东汉开挖了阳渠，保证了首都洛阳的粮食供给。秦汉两代的运河成为首次大一统帝国漕运的伟大实践和探索，也形成了贯通南北的大运河的雏形。东汉政府对以洛阳为中心的运河的修建，使全国形成了四通八达的运河水系。当时的漕运通道，由京城洛阳进入汴渠，到了徐州进入泗水，由泗水进入淮水，再转经邗沟可以到达江南，这大体就是后来隋唐大运河的路线。东汉时的运河体系，不仅在交通、漕运和灌溉方面发挥了重要的作用，同时对汉中央政府加强对全国各地的政治军事控制，维护大一统的中央集权统治，甚至对经营边疆地区都起到无可替代的作用。

东汉末年，群雄并起，曹操通过挟天子以令诸侯，取得了政治上的优势；与此同时，曹操通过屯兵、开运河、兴水利，取得了经济上的优势。在魏晋南北朝的统治者中，曹操是最善于利用运河的。随着战争的频繁，利用运河运输粮食和军队也成为群雄争霸的首选，为征战北方，曹操利用黄河故道，开挖了白沟等运河，使运河向黄河以北延伸，抵达今天河北省的东部地区。在东征西讨的同时，曹魏集团同步进行大规模水利建设，有计划地开凿了白沟、平虏渠、泉州渠、新河和利漕渠等几条运河，以方便用于进兵征讨和军粮运输。陈登是对曹魏集团开运河、兴水利作出重要贡献的人物，因为曹魏集团开凿最早的一条运河就是陈登在广陵郡开的邗沟。

陈登之所以在这一时期率先开凿运河，一方面是因为江淮地区在汉代河网密布，方便利用自然河湖，辅以开挖人工河道，连为一条便捷的水上运输通道。历史上江淮就有开凿人工运河的先例，如最早期的运河陈蔡运河、古邗沟、古菏水都开凿于这一地区。另一方面也是因为陈登精通农业、水利工作，十分熟悉广陵一带地形

江淮地区在东汉时就是水网密布的地方

地貌，因此，他上任不久就成功地在春秋夫差所开邗沟的基础上重开了邗沟，并围绕运河建设了系列的水利工程。作为曹操的部下，陈登开凿邗沟西道为曹魏集团进行的区间运河开凿工程带了一个好头，对后来曹魏集团大兴运河开凿和屯田起到了示范作用。

邗沟淤塞不通航

公元前486年，吴王夫差开凿邗沟，连通长江和淮河。关于夫差开凿的邗沟的线路情况，《左传》里曾描述过："于邗江筑城穿沟，东北通射阳湖，西北至末口入淮。"当时邗沟的南端为长江边的邗城，北端为淮河边的末口。开凿初期的邗沟运道，由广陵至邵伯入艾陵湖，经过武广湖（后名武安湖）与绿阳湖之间，注入樊良湖，又由樊良湖东北引出，经过博芝湖、射阳湖，西北出夹耶入淮。艾陵湖位于邵伯东3.5千米，武安湖位于今高邮市西南15千米，绿阳湖位于高邮南15千米，樊良湖位于高邮北10千米，博芝湖位于今宝应县东30千米。夹耶即今天的宝应北，接近淮阴处。《水经注》对此记载最为详尽："中渎水自广陵北出武广湖东、陆阳湖西，二湖东西相直五里，水出其间，下注樊良湖，旧道东北出博芝、射阳二湖，西北出夹耶，乃至山阳矣。"

因此，当时的邗沟从广陵城下经人工运道向北到邵伯，邵伯以北有武广、陆阳二湖，邗沟从二湖之间通行，注入樊良湖，此段也是人工运道。注入樊良湖后，利用自然湖泊为运道。然后，再经人工渠道，汇入射阳湖。在射阳湖穿行后，再经人工运道，经夹耶抵达末口入淮。这就是《水经注》所说的邗沟"旧道"。邗沟"首受江于江都"，是南引江水北流入淮河的。在黄河未夺淮入海之前，苏北一带还没有受到黄河泥沙淤积的影响，地势南高北低，故邗沟之水得以北流。在春秋时生产力不发达的条件下，邗沟旧道利用江淮之间的自然湖泊，以简单的人工渠道相连接，故而运道弯曲。为了利用樊良湖和射阳湖自然水面，邗沟运道向东北绕行至射阳湖，再向西北经夹耶至末口入淮。选择这个大迂回线路，显然是为了利用江淮间的一连串天然湖泊，既减少人工运河的开挖长度，又有利于水位调补。

邗沟作为江淮之间的主要水上通道，到了东汉末年因久未疏浚多处出现淤塞，加之射阳湖风浪险恶，北上入淮河口曲折迂远，沿途浅滩较多，航道不通畅。这

古邗沟射阳湖段

时的邗沟已经不适应运输粮草和军队的需要，作为江淮之间统治者的广陵郡太守陈登，需要开凿一条新的江淮水上运输通道，一方面为曹操南下征伐提供进军运粮通道，另一方面也是为连通曹操在中原地区开凿的区间运河水系，为了将江淮之间的漕粮运送到都城许都。

陈登穿沟开西道

为最大限度地利用自然湖泊，邗沟旧道从广陵向东北屈曲，绕行射阳湖后入淮河。这是在春秋时期生产工具不发达的情况下做出的选择，但这虽然减少了开凿河道的工作量，但运道弯曲漫长、通行不便，水路与陆路不相并行互补。到了东汉时期，随着铁制工具的出现，生产力水平有了很大提高，为运河的开凿提供了必要的技术条件。

《扬州水道记》记载："汉建安二年（197）陈登为广陵太守，是时射阳以南之路不通。淮湖纡远，水陆异路。缘东道不通，故陈登更于西，别通运道也。（陈）登于白马湖滨开凿水道使白马、津湖相通，遂由白马湖达津湖，而入樊良湖也。自（陈）登凿马濑之后，凡由

小贴士：《扬州水道记》

《扬州水道记》是研究扬州运河水道变迁的重要历史地理著作，作者为清代扬州仪征人刘文淇。全书分为四卷，考证叙述了扬州境内运河（邗沟）水道变迁沿革的重要历史地理。本书成于道光十七年（1837）。初拟分运河、两岸工程和两岸诸湖三部，叙扬州水道，后仅成运河部分。该书广稽历代史地乘志杂说和河工官牍有关资料，援证详核，对江都运河、高邮运河和宝应运河古今水道变迁作了较详辨析。卷首附春秋至清扬州水道沿革图说十幅。该书刻板后曾因兵燹散佚，后经方濬颐补刊。《扬州水道记》十张附图中标记有与扬州城遗址相关的部分城池位置及关联的地名、桥名、河流名、塘名等，为研究扬州段运河及其扬州城遗址沿革提供了重要借鉴。

北而南者入夹耶，贯射阳西至白马湖，渡津湖入樊良湖。其由南而北者出樊良湖，西北入津湖达白马湖，东贯射阳湖，西北出夹耶。”

建安二年（197），陈登就任广陵太守后，为改变江淮之间水路不通的局面，决定开凿新的邗沟，经过深入实地的调研和精心的研究后，陈登与部下规划了新邗沟的线路：新邗沟自樊梁湖（今高邮湖）北口，经津湖，开凿马濑（今白马湖），北至末口入淮。确定了计划后，他立即下令调集民夫，开挖新的邗沟运道。陈登派部下向老百姓们宣传，新的邗沟不但方便运输，而且方便老百姓的农田灌溉，于国家和百姓都是一件大好事。由于陈登在广陵深得民心，大家觉得跟着陈元龙没有错，因此，他开挖邗沟的决定得到了老百姓的衷心拥护，全郡上下有人的出人，有钱的出钱，掀起了一股修筑运河的热潮。半年时间，一条新的邗沟就开挖成功。

邗沟此次改道的详细情况，史书未予记载。《水经注》中引曹魏时人物蒋济所作的《三州论》，保留了相关信息："淮湖迂远，水陆异路，山阳不通，陈登穿沟，更凿马濑，百里渡湖。"也就是说，陈登因为射

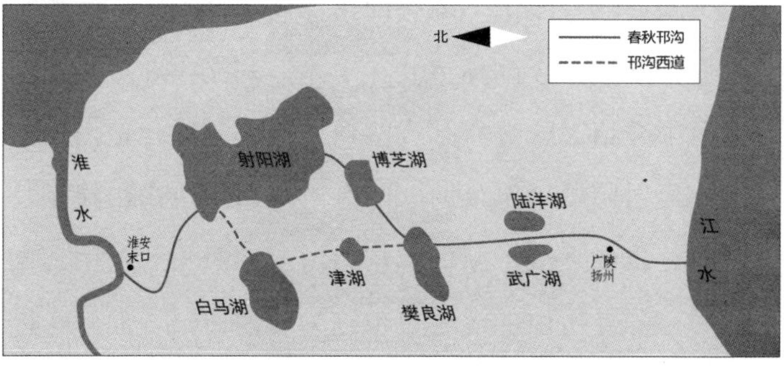

为陈登穿沟后的邗沟线路示意图阿

阳以南邗沟的水路不通，射阳湖风浪大，损坏船只，于是重开邗沟，将河线向西移动，不再经过博芝湖，转而由樊良湖北口穿过白马湖，再转向射阳湖入淮。新的邗沟运道以更多的人工运道“穿沟”，经白马湖抵达淮河。

所谓“淮湖迂远”，指的是邗沟旧道屈曲东向绕行射阳湖的不利情况。因为水路迂远，所以“水陆异路”，走水路要比走陆路远得多。当时，由樊良至博芝，由博芝至射阳，中间人工渠道淤塞不通，加上旧道迂远，所以必须改道。陈登“穿沟”时，于白马湖滨开凿水道，以人工运道连通樊良湖与白马湖，仅“百里”即可由白马湖达樊良湖。白马湖位于今宝应县北7.5千米，樊良湖位于今高邮市北10千米，当时两湖并不相连，中间还隔有津湖。陈登即由津湖“穿沟”。津湖，又名界首湖，在今高邮市北30千米。刘文淇在《扬州水道记》中介绍，陈登将邗沟改道之前，邗沟运道由博芝湖出，经射阳湖后至淮河。陈登改道后，改由出津湖注白马湖，由此形成了新的邗沟运道。相对于邗沟旧道向东迂回，陈登所改的运道也被称为邗沟西道，而邗沟旧道被称为邗沟东道。沿着邗沟西道，凡从北向南的船进入末口后，横贯射阳湖西到白马湖，渡过津湖进入樊良湖。由南向北的船出樊良湖，从西北进入津湖到达白马湖，从东边穿过射阳湖，从西北出末口。邗沟西道减少了湖中风浪的威胁，同时裁弯取直，缩短了江淮之间的航运距离。

陈登“穿沟”之后，邗沟运道南北通达。开挖邗沟西道，是陈登永垂史册的大手笔之一。邗沟西道的开挖有其军事的原因，大大方便了曹魏军队南下与东吴的战争。清代经学家刘宝楠在《宝应图经》中说：“按此，当谓陈登于白马、津湖之间，凿濑穿沟，为支渠相连。故魏文战船得由白马湖入津湖，其支渠亦名夹耶。”也就是说三国魏吴对抗的战争中，曹丕曾由这条水路进军长江下游，邗沟西道成了魏文帝征伐东吴的行军路线。《魏志·张辽传》：“孙权复叛，帝遣辽乘舟与曹休至海陵临江。”既然“乘舟”，就说明由当时淮河到白马湖，由白马湖到津湖，由津湖到樊良湖，由樊良湖经邵伯到广陵入江或东至海陵的运道，舟行畅通。另一方面，邗沟西道也为江淮之间的漕粮往北运输提供了便捷的通道，陈登所管辖的广陵郡出产的粮食较多，也可以源源不断地通过邗沟北上，再入泗水，由白沟等系列运

小贴士：《宝应图经》

《宝应图经》是由宝应人刘宝楠私纂的一本宝应地方志，为官修宝应县志重要参考书，是以图为主或图文并重记述地方情况的专门著作，称之为图经，又称图志、图记。它是中国方志发展过程中的一种编纂形式，刘宝楠的《宝应图经》始撰于嘉庆十四年（1809），道光三年（1823）初稿写就，直到道光二十八年（1848）方有定本，积累四十年之功而成。《宝应图经》共6卷，卷首包括两部分，一是“历代县境图”，二是“历代沿革表”。卷1城邑，卷2疆域，卷3包括河渠和水利两大部分，卷4封建，卷5、卷6均为人物。该书重点在于城邑的沿革、湖河的变迁，漕运的通塞。特别是卷3河渠部分，以论述邗沟历史演变的篇幅最多，总结了宝应境内的邗沟段自始筑至明代万历四十一年有十三次变迁，称之为“邗沟十三变”，成为大运河理论研究的奠基之作。该书对于研究宝应的人文历史和扬州段大运河具有重要的历史意义。

河运往许都，以养活皇室百官和军队。

由陈登主持开凿的邗沟西道也是惠及当时，造福子

陈登开凿的邗沟西道也利用了自然湖泊和河流

孙后代的水利设施，对江淮一带农业生产的发展发挥了重要作用。魏晋、南北朝时期，江淮经济区成为全国最重要的经济区之一，邗沟西道的开挖功不可没。在汉末战争频仍的时代，开挖如此大规模的工程，也足见陈登非凡的魄力和杰出的组织指挥才能。邗沟建安改道后，两晋、南北朝及隋朝开皇年间以前，由淮河至长江都由白马湖、樊良湖至广陵入江，运道大致稳定，仅局部小有变迁，可见陈登穿沟的眼光还是十分长远的。后来隋炀帝修治邗沟，建成南北贯通的隋唐大运河，也是用的这条邗沟西道，这也成为后来淮扬间历代运河主航线。

系列运河兴魏国

陈登重开邗沟，以及在广陵郡修的一系列水利工程，不仅成为曹魏集团大开运河的前奏，而且启发了曹操，成为曹魏集团开运河、兴屯田思想的启蒙。从建安九年（204）开始，曹魏集团掀起了开挖区间运河的热潮。在陈登穿沟后，曹魏集团接着开凿的一条运河叫白沟，这条白沟为曹操攻灭袁绍集团立下了功劳。

官渡之战后，袁绍败回邺城，不久忧愤而死。他的3个儿子争权夺位，互相火并，曹操乘机北进。建安八年（203）曹操已北渡黄河，攻下黎阳（今河南鹤壁浚县附近）。建安九年（204）正月，他亲自率领大军从许昌渡河，为了给军队输送粮草，他“遏淇水入白沟，以通粮道。”《三国志·魏志·太祖纪》记载的话不多，仅此两句。《沟洫志》记载：“汉建安九年魏武王于水口下大枋木以成堰，遏洪水东入白沟，以通漕运，故时人号其处为枋头矣。”白沟本来是黄河故道，原名宿胥渎，经今天河南淇县东南，转向东北流。为了围攻袁尚（袁绍幼子）占据的邺城，曹操于建安九年（204）正月，在淇水入黄河的入口黎阳，用大木枋作堰，遏止河水，让全部淇水向东流入白沟，用白沟作为运输军粮的通道。二月，曹操兵临邺城门下。曹军围攻半年多，并让漳水决口来淹没邺城，在八月份攻克邺城。

白沟的开挖对于曹操来说，具有重要的战略意义。有了白沟，曹操的漕运由此可以直通洹水，再沿洹水直逼袁氏根据地邺城。这样，其进攻邺城时就不用担心军粮问题了。《魏书·武帝纪》记载："讨谭时，川渠水冻，使民锥冰以通船。"从这段话可以了解到，曹操讨伐袁谭时，大军和军粮转运是依托白沟至清河的水运补给线的。白沟贯通后，曹操先后攻下了邺城，杀死了袁谭，赶走了袁尚，占据了幽州、冀州、青州、并州四州，成为中原地区的霸主。同时，白沟的开凿使华北平原的运河水系确定了一个中心。

此后，在白沟的基础上，曹操又陆续向东北方向开挖了平虏渠、泉州渠、新河和利漕渠。曹操攻下邺城后，袁绍的二儿子袁熙和三儿子袁尚逃奔到乌桓。公元206年，为了北伐乌桓、彻底肃清袁氏残余势力，曹操在滹沱河和泒水之间开凿一条名为平虏渠的人工运河。据谭其骧考证，这条平虏渠就是今天青县至静海之间的一段南运河。同年，曹操又开凿泉州渠，渠水因南起泉州县境内而得名。公元207年，通过平虏、泉州二渠，军粮沿水道直达辽西前线。当年四月，曹操率军北上，历经万险，八月在白狼山一战，凭借近万轻装骑兵千里奔袭，大败乌桓数万大军，攻克乌桓都城柳城（今辽宁省朝阳市南），斩蹋顿单于并灭掉了乌桓。平虏渠逐渐成为部分南运河的前身。

为了补充白沟的水源，曹操在建安十八年（213）开凿了利漕渠，引漳水进入白沟，使白沟可以直接进入黄河。这条渠从今天河北省曲周县南起，东南到大名县西北、馆陶县西南注入白沟，用以沟通邺都（今河北省临漳县西南邺镇东）和四方漕运，因此命名为利漕渠。从此，邺都可以通过运河直通河北平原北端。利漕渠的开通，使漳水由利漕渠流入白沟，成为白沟的重要水源补充之一。这样，华北平原形成了以白沟为主干的运河漕运网，沟通了南起黄河，北到海河，中间包括清水、漳水、淇水、洹水、滹沱河等各大水系。曹操在华北平原上完成了一个庞大的水运系统工程，整个黄淮海平原从南端到北端都有运河可以通达，这在中国运河史上也是第一次。这一水利系统大大便利了曹操对中原地区的控制，也有利于这一地区社会经济的发展。如今，曹操当

卫运河滑县段

年所开的白沟就是后来用作永济渠的卫运河。

为了征伐南方的割据势力，曹魏集团开凿广漕渠、淮阳渠、百尺渠、成国渠等系列人工运河。公元241年，魏国权臣司马懿为灭吴国做准备，命邓艾巡行淮水流域，邓艾建议开河渠、兴屯田。于是从钟离（今安徽省凤阳县东）以南，横石以西，直抵沘水（今安徽六安、霍山一线），共200多平方千米，作为淮南屯田区。同时，扩修淮阳、百尺二渠，上引河流，下通淮水、颍水，开广漕渠，全长150多千米，灌溉良田2万顷，淮南、淮北开始自我供应粮食有余并消除了水害。同时，由于广漕渠的开通，魏国每次兴兵伐吴，都可以泛舟而下，达于江淮。据《三国志·魏书·文帝纪》记载，黄

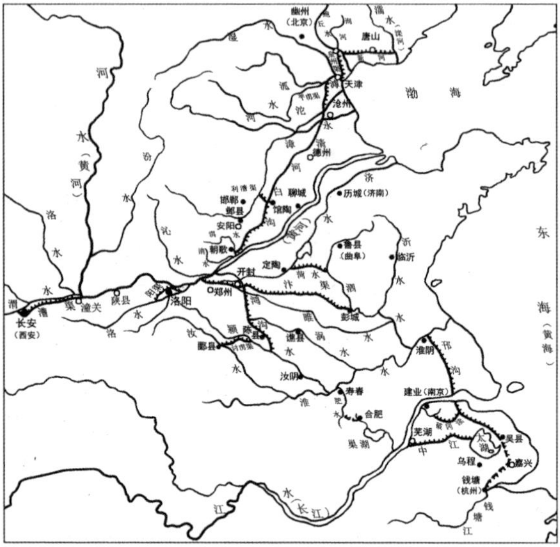

曹魏六朝时运河分布图（《舟楫往来通南北——中国大运河》）

初五至六年，曹丕曾率领大批水师，由颍水、涡水入淮河讨伐东吴，可见当时江淮之间水运十分畅通。另外，为了征伐蜀国战争的需要，曹魏政权还在关中开凿了一条东西向的成国渠，并筑临晋水库，引来汧水、洛水，灌溉澙卤之地3000多顷，国力进一步充实。这系列运河的开凿，除了方便进军外，也使曹魏集团农业生产和交通运输都得到了很大的发展，成为三国中国力最强大的政权，也为西晋后来一统中国奠定了物质基础。

第四章 兴修水利为百姓

陈登可以说是中国古代的一个水利学家，在担任徐州典农校尉时，他就注重水利建设，将纵横交错的灌溉网铺设到农田中，使徐州百姓获得了粮食大丰收。担任广陵太守后，陈登在水利工程上的特长得以充分发挥，因为广陵郡位于淮河与长江之间，这里水网密布，地势平坦，但月度降雨量不均匀，十分需要也便于修筑水利设施。他任职期间带领百姓们先后在淮河边开筑了捍淮堰（高家堰前身）、破釜塘（洪泽湖的一部分）等水利设施，还在长江边筑陈公塘为运河补水，发展农田灌溉，使汉末迭遭破坏的江淮地区农业得到一定程度的恢复。

开陈公塘济运河

陈登在重开邗沟的同时，为给邗沟补水，在今天扬州城西部筑了一个大型水利工程，也就是后人称的陈公塘。陈公塘在今江苏仪征市东北15千米。《舆地纪胜》卷37扬州介绍道：“陈公塘，《广陵志》云：魏广陵太守陈登所浚也。《寰宇记》亦号爱敬。初开此陂，百姓爱而敬之，因以为名。《皇朝郡县志》：凡向来平原广野战地沙场，今皆决水注之，乃知州以水为险。”

今天扬州市的仪征后山区一带，因为地处蜀冈南麓，丘陵众多。汉代时，每到雨季，山上的洪水冲下来，毁坏了大批农田；而到了旱季，四周的农田又因缺少灌溉水源，庄稼干枯而死，蜀冈下的农民叫苦不迭。陈登担任广陵太守时，为开邗沟西道，有一天到这一带来巡视，现场考察地势地貌后，又通过跟当地百姓聊

蜀冈俯瞰

小贴士：蜀冈

蜀冈位于扬州城北部，是古代扬州城的发源地。清朝顾宜禹《读史方舆纪要·卷二十三·南直五》记载：蜀冈，（扬州）府城西北四里。绵亘四十余里，西接仪征、六合界，东北抵茱萸湾，隔江与金陵相对。上有蜀井，相传地脉通蜀也。其实“蜀”字古音同“独”。“蜀冈”命名实为其突兀于平原，是“独冈”。广义的蜀冈，西起仪征六合交界处，东至茱萸湾，绵延二十余千米。明代以前，蜀冈一直是扬州古代城址所在地，春秋吴邗城、战国楚广陵城、汉吴王濞城、东晋及南朝宋先后所筑广陵城、唐扬州子城(牙城)、南宋堡砦城(后名宝祐城)均在此。其冈上冈下的文物古迹多达百余处，如大明寺、平山堂、观音山、唐城遗址等。蜀冈靠近今天扬州城区部分的扬州城遗址（隋—宋）被列为国家级大遗址和国家考古遗址公园。

天，发现了这一历史问题。他设想，能否沿着蜀冈南沿建一个大水库，来承接蜀冈上的洪水？这样，平时可用于给邗沟补水，旱时可用于灌溉农田，一举两得啊。这个办法是否可行？他与当地官员一起坐下来商讨，大家纷纷赞同，一致通过。于是，陈登发动民工，历时半年，筑了一个周长达45千米的水库。水库西、北两面围着蜀冈，南面和东面筑有塘堤，堤长达890丈（约3千米）。

水库汇纳了蜀冈上36个山涧的水，塘的周长达90余里（45千米）。这样，可以灌溉田地上千顷。当地百姓非常感激陈登，称这个水库为陈公塘。又因为百姓爱戴、敬重陈登，所以这个水库也被称为“爱敬陂”。

据中国文化遗产研究院研究团队的研究成果，当时的陈公塘还是为运河补水的一个水利设施。东汉时的邗沟是从长江往北向淮河流，有时长江的水位低，造成邗沟中水源不足，难以行船，因此，就将陈公塘中的水注入邗沟，提高水位，以方便行船。以后历代也有将陈公塘用以引水济运。《新唐书·食货志》记载：“杜亚浚渠蜀冈，疏勾城湖、爱敬坡。起堤贯城，以通大舟。”也就是说杜亚疏浚蜀冈下的河道是由陈登、勾城二塘起堤数十里，贯通江都（扬州）西门城内漕河。唐贞元四年（788），淮南节度使杜亚重修陈公塘，筑起大堤，引水入扬州城内，为运河补充水源，并灌溉夹陂一带的农田。《唐书·食货志》中有“疏勾城湖、爱敬陂”，梁肃《杜亚神道碑》云“酾二浸於蜀冈之西”，是以勾城湖、爱敬陂为二处。爱敬陂即陈公塘。《仪徵旧志》中陈公塘下引《元和郡县志》说："百姓受塘利，更塘为陂名，其陂曰爱敬陂。"因此爱敬陂专指为陈公塘。

还有一种说法，说陈登当年在蜀冈下共开了5个坡塘，称为"扬州五塘"。扬州五塘一般指陈公塘、勾城塘、上雷塘、下雷塘、小新塘。《后汉书》记载，东汉章和元年（87），马棱任广陵郡（今扬州）太守，"兴复陂湖，溉田两万余倾，吏民刻石颂之"，扬州陂塘初步修筑。东汉建安初（196—220），广陵太守陈登兴修陂塘，故后人推测扬州五塘为陈登所筑。《嘉庆新志》记载："陈公塘在仪征县东北三十里；勾城塘在仪征县东北四十里与甘泉县接界，其水南流至乌塔沟入运；雷塘在城西北十五里，上塘（即上雷塘）长广共六里余，下塘（指下雷塘）长广共七里余；小新塘接连。上雷塘东西阔一百丈，南北长一百七十丈，其水注上雷塘，转入下雷塘，由槐子河东流入官河（运河），长广共二里余。"《扬州水道记》里则记载五塘皆陈登所筑，五塘皆名为爱敬陂。五塘早期是江淮地区的灌溉工程，唐代对扬州五塘进行修缮扩建，自贞元年间（785—805）开始引五塘水济运。宋、元至明弘治年间（1488—

1505），朝廷多次修筑五塘。

宋朝时，陈公塘又进行了扩建，陈公塘周长达到50千米。直到南宋绍兴四年（1134）为了阻止金兵南侵，南宋朝廷下诏毁掉了陈公塘。到了淳熙年间，为了给运河补水，又加以修复，并建有斗门、石工各一所。到了明初，陈公塘因年久失修，渐渐淤塞。明天启四年（1624）又进行了修治，后被废弃不用。明成化八年（1472），王恕修缮陈公塘并建闸。陈公塘于嘉靖年间毁废，现已不复存在。清朝的《方舆纪要》卷23《仪真县》记载：“其塘西北依山，东南面水，有斗门石工，历代引以济运。今为军民所占佃。”也就是说直到清代陈公塘才又被军民作为佃田耕作。如今仪征龙河一带还有陈公塘遗迹，相传就是陈登所开，现在仍可作为农业灌溉的水源。

陈公塘遗址

五代宋初诗人徐铉创作过一首五言律

诗《寒食宿陈公塘上》，真实描写了陈公塘的地理形势。

垂杨界官道，茅屋倚高坡。
月下春塘水，风中牧竖歌。
折花闲立久，对酒远情多。
今夜孤亭梦，悠扬奈尔何。

筑捍淮堰阻洪水

“明审赏罚，威信宣布”是历史学家对陈登任广陵太守时的中肯评价。陈登大力兴建水利和推行屯田，采取一系列兴修水利的措施，开了曹魏屯田制的先河。当时广陵郡治就在淮河边，淮河的季节性水量不稳定，每年的雨季河水会泛滥成灾。广陵东部又濒临大海，受海潮及台风的影响，广陵郡的射阳、盐渎等县经常遭遇水灾。清雍正《江南通志》称：“广陵太守陈登筑堰障淮。”明清之际著名学者顾炎武在《天下郡国利病书》中说：“埝长三十里，西为阜陵（又名富陵）湖，每淮溢入湖，赖以此埝障之。”陈登修筑

小贴士：屯田制

屯田制是汉以后历代政府为取得军队给养或税粮，利用士兵和无地农民垦种荒地的制度。有军屯、民屯和商屯三种。屯田始于汉武帝时西域屯田，为军屯。建安元年（196）曹操采纳枣祗、韩浩的建议，在许昌招募农民屯田，当年得谷百万斛。后推广到各州郡，由典农官募民耕种，为民屯。屯田之民免服兵役和徭役，称“屯田客”。曹魏政权整合军屯与民屯，在各地设立田官专门负责屯田，并形成一套完整的制度。屯田制逐步确立后，成为国家政权的钱粮收入来源，同时也解决了屯田军民本身的生计，为曹魏政权的强盛，乃至晋最后打败蜀汉、东吴，一统天下奠定了基础。西晋时期，屯田剥削量日益加重，分配比例竟达官8民2的程度，引起了屯田民的逃亡和反抗。屯田土地又不断被门阀豪族所侵占，于是屯田制被逐渐破坏了。

的捍淮堰为减轻水患，发展江淮地区的农业生产作出了一定的贡献。

自春秋后期吴王夫差开辟了连通江淮的邗沟后，江淮一带农业生产逐步得到发展，秦汉以后这里的开发速度逐渐加快。东汉末年，战争频繁，谷麦昂贵。国家为了强兵足食，在曹操的建议下，开展了大规模的屯田工作。广陵地处淮河流域，该地区曾享有“江淮熟、天下足”的美誉。为了屯田的需要，当时的广陵郡太守陈登，经过一番考察以后，发现淮河南岸的今淮安市洪泽区一带土肥水美，只要筑好堤坝，即可旱涝保收。于是他组织民力修筑了从今天的武家墩到西顺河镇15千米长的堤堰，并取名叫捍淮堰。史学家认为这一水坝格局奠定了如今横行百里的洪泽湖高家堰大堤的基础。捍淮堰筑成后，淮河以东的农田可以免受洪水的侵袭，成了旱涝保收的良田，粮食供应绰绰有余了，老百姓们对陈登

前身为捍淮堰的洪泽湖大堤高家堰

是感恩戴德。后来，曹魏政权的太尉司马懿为消灭孙吴，进而统一全国，派邓艾在淮南设立屯田区，捍淮堰大堤以东就是这个屯田区的重要组成部分。邓艾同时还扩修淮阳、百尺二渠，上引河流，下通淮水、颍水，开广漕渠，灌溉良田2万顷，淮南、淮北于是积蓄了大批粮食，自我供应粮食有余。邓艾这一成果的取得是建立在陈登筑捍淮堰的基础上的，应该说捍淮堰对洪泽湖堤的固筑和江淮之间的经济发展起到了一定的促进作用。

据史书记载，捍淮堰演变成高家堰有一个过程。捍淮堰始建于东汉建安五年（200），为防止淮水东漫成灾，广陵太守陈登始筑高家堰，又称捍淮堰，这便是洪泽湖古堰的雏形。史载陈登“大筑高家堰，于诸湖荡之东北隅，约30华里”。明朝永乐年间（1403—1424），为了防范淮河下泄带来的洪水，开始在捍淮堰基础上加固加高，称为高家堰。万历七年（1579），总理河道都御史潘季驯再次加高加固高家堰并向南延伸25千米到越城，此时古堰总长达40千米。后来，清康熙年间的河道总督靳辅延续明代的治水方略，在康熙十六年（1677）将大堤从周桥延伸到蒋坝。古堰此次修筑过程中，在明代石工墙基础上，又在古堰西侧迎水面全部建筑石墙护坡，以抵御风浪冲击。到清乾隆十六年（1751）大堤完工，这项浩大的工程历时171年，筑古堤坝67千米，其中垒砌石工墙61千米。至此，洪泽湖古堰北起武家墩南到蒋坝堆头全部告成，形成了一条水上长城。今天人们看到这条壮观的水上长城，都不禁想起当年始筑捍淮堰的陈登。

淮安高家堰乾隆御碑

开破釜塘溉农田

捍淮堰建成后，挡住了淮河的洪水，但是河边百姓农田的灌溉又成了问题。淮河以南地区一直以种植水稻为主，需要大量的水资源，过去依靠淮河的水灌溉庄稼，但大堤筑成后，不能破堤取水，到了农田需要灌溉时，必须寻找新的水源。为了解决这个问题，陈登又带领百姓在淮河边开了一系列用于灌溉的陂塘。其中有文字记载的就有一座叫破釜塘的陂塘，这个破釜塘后来成

洪泽湖

为洪泽湖的一部分。因为在东汉时，现在洪泽湖所在的地区还只有一些小的湖泊。为了解决当地老百姓的农田灌溉问题，陈登带领大家开挖疏浚了一些湖泊，其中最大的称破釜塘。有了破釜塘等一系列陂塘，广陵郡的农田有了充足的灌溉水源，老百姓是男耕女织，忙得不亦乐乎。粮食丰收又带来了社会的安定，广陵成为当时全国少有的富郡。陈登也因此得到朝廷的嘉奖，在当时官员轮岗中，陈登被迁任首都附近的东城太守。

后来破釜塘与白水塘等都在运河边，成为大运河补水的水源，与运河的关系十分密切。《清一统志·扬州府一》引《元和志》：“（白水陂）在宝应县西八十里。邓艾所作，与安徽破釜塘相连。”《方舆纪要》

卷21《盱眙县》：“（洪泽浦）县北三十里。旧有破釜塘。邓艾立白水塘，与破釜塘相连，开水门八以溉田。其后炀帝幸江都，道经此，久旱遇雨，因改今名。”也就是说，隋大业十二年（616），隋炀帝杨广从洛阳乘龙舟沿运河巡幸江都时，一路干旱，经过破釜涧时，喜逢大雨，他一时兴起，就将破釜涧改为洪泽浦，洪泽之名由此而来。这说明，当时的破釜塘就在隋代的大运河边上。到了唐朝，洪泽浦又改称洪泽湖。南宋建炎二年（1128），为了阻止金兵南下，宋东京留守杜充在滑州（今河南滑县）以西决定打开黄河堤防，造成黄河向南改道经泗水在淮阴以下夺淮河下游河道入海，将原淮河河道不断淤积抬高，使淮河泄流日趋不畅，在今江苏盱眙以东潴水，原来的几个小湖扩大联结成为洪泽湖，为“串珠式”小型湖泊群。

洪泽湖形成后就成为与大运河的关系最密切的一个湖泊。从公元14世纪起，黄河、淮河、运河交汇的淮安清口地区面临着一系列问题：由于黄河泥沙淤积而产生的河床抬升问题、黄河洪水倒灌入运河与洪泽湖的防汛问题、保障运河水位的供水问题，以及克服运河、淮河、黄河之间的水位差进行通航的工程问题。为了解决

壮观的洪泽湖大堤

泥沙淤积和运河供水问题，将西来的淮河河水储积在洪泽湖内，明清两代用不断加高加固洪泽湖大堤的方法，抬高洪泽湖水位，高过黄河水位，导引湖水从清口流出刷深黄河河道，并供应运河用水。同时将运河口南移，远离黄河以方便从洪泽湖供水，并在运河口内建立多处闸坝，节制水位防止淤塞。可以想象，当时陈登开破釜塘一定也是考虑到了与邗沟的水源关系，既有兴修水利，为老百姓发展农业生产的目的，同时也有为邗沟运道补水的考虑。

第五章 屡破孙吴镇广陵

善用水军败孙策

陈登不仅仅是个善谋略的文臣，其实他的军事能力更是了得。陈登到广陵郡后，积极准备平定江东。他和孙策有过多次交锋，陈登是胜多败少。能够以一郡之力打败孙策重兵，陈登之能让人刮目相看。

广陵郡在长江与淮河之间，是地处江南的东吴争霸中原的必经之路，向来为江东孙策所觊觎。当时曹操任命陈登为广陵太守就有用这位智勇双全的名将抵御孙吴的意图。陈登因攻破吕布有功被封为“伏波将军”后，很受江淮一带人民的爱戴，广陵郡在他的治理下是政通人和，兵强马壮，于是他就有了吞并孙策的志向。吕布伏诛后，陈登向曹操提出“吞并江南”的建议。但曹操当时因忙于与袁绍、袁术争霸中原，无暇东顾，否决了陈登进军江南的提议。孙策通过他的线人得知了陈登的

当时广陵郡的匡琦城在今天的射阳湖镇附近，而今天的广陵城沿运河向南移了近百千米，图为今天的广陵城

图谋后，决定派兵攻打陈登所在的匡琦城，早日除掉这个心腹之患。

孙策（175—200），字伯符，是吴郡富春（今浙江省杭州市富阳区）人，破虏将军孙坚的长子、吴大帝孙权的长兄。作为东汉末年割据江东一带的军阀，是汉末群雄中孙吴政权的奠基者之一。《三国演义》称其武勇犹如霸王项羽，绰号“小霸王”。他的父亲孙坚在讨伐董卓时作战勇敢，表现突出，被朝廷授为破虏将军、豫州刺史，后来在征讨荆州时，被黄祖的部将用箭射死。孙策为继承父亲孙坚的遗业，于兴平元年（194），带领数百人去投奔袁术。袁术将孙坚旧部的一千多人交还给孙策统领。兴平二年（195），孙策向袁术借兵三千，东渡长江，进攻樊能、于糜，又在当利口袭击张英。并以曲阿（今江苏丹阳市，当时属扬州）为据点，与扬州刺史刘繇进行决战，大败刘繇。建安元年（196），率兵进攻会稽王朗和吴郡严白虎。建安二年（197），袁术僭越称帝后，孙策与袁术决裂。同年夏，孙策被朝廷任命为骑都尉，袭父亲的爵位乌程侯，兼任会稽太守。

孙策

建安三年（198），朝廷任命孙策为讨逆将军，并封为吴侯。建安四年（199），孙策向西击败庐江太守刘勋及刘表部将黄祖，并上表送往许昌向曹操报捷，曹操知道孙策强盛，哀叹道：“狮儿难与争锋也。”于是将曹仁的女儿许配给孙策的幼弟孙匡，结成姻亲。但孙策想当东汉的大司马，曹操没有同意。孙策心中非常恼怒，怀恨在心的他便有了趁着曹操与袁绍决战中原之际偷袭许昌的念头。这一图谋被吴郡太守许贡发觉，于是他派使者送密信报告曹操，但派去送信的使者被孙策抓获，许贡也因此被孙策处死。许贡的三个门客为主人报仇，在孙策外出狩猎之际进行刺杀，虽然未能杀死孙策，但却用箭射中了孙策的面部，令其身负重伤，不久后在军中不治而死。这是后话。

建安四年（199），孙策在攻下皖城（今安徽潜山）后，要北上与曹操争霸，他的第一个目标就是向江北发展，进攻广陵郡。于是他主动向陈登镇守的广陵郡发难，派东吴大军跨过长江北上，进攻广陵郡。吴军从长江渡江而来，利用广陵郡畅通的邗沟河道运兵，到达陈登所守的匡琦城（今扬州市宝应县射阳湖镇附近）。面对十倍于守军的吴军，敌众我寡，陈登心里很是焦灼。他的部下你看我，我看你，谁也拿不出什么退敌的主意。有人因为害怕，认为面对十倍于己的敌人，肯定抵挡不住，建议不如弃城避敌。还说，这些东吴的部队从水上渡江而来，要不了多久就会退兵。陈登厉声反驳：“吾受国命，来镇此土。昔马文渊之在斯位，能南平百越，北灭群狄。吾其出命以报国，仗义以整乱，天道与顺，克之必矣。”他的意思大概就是说：“我受国家之命镇守广陵郡，当年同样是伏波将军的马援能够平定南方的百越，消灭北方群狄，我哪能作出逃避贼寇的事情，我们应该精忠报国，依仗正义整肃祸乱，一定能够战胜敌人。”

小贴士：马援

马援（前14—49），字文渊，扶风郡茂陵县（今陕西省兴平市）人，是西汉末年至东汉初年的著名将领，东汉的开国功臣，汉明帝明德皇后的父亲。王莽新朝末年，马援是陇右军阀隗嚣的部下，后来刘秀起兵，他归顺了光武帝刘秀，为东汉政权的建立立下了不朽战功。东汉建立后，马援仍领兵征战，西破陇羌，南征交趾，北击乌桓，被任命为伏波将军，封新息侯，世称“马伏波”。他老当益壮、马革裹尸的气概，受到后人的崇敬。建武二十五年（49），马援在讨伐五溪蛮时病逝。死后受人构陷，被刘秀收回新息侯印绶。汉章帝时为他平反，追谥“忠成”。唐德宗时成为“武庙六十四将”之一，宋代和清代都享受祭祀。

主帅的镇定自若鼓舞了将士们的士气。陈登命将士们各就各位，严阵以待。同时，他决定派薛州的水军迂回到江边，打算从后面包抄吴军。为迷惑敌人，陈登下令紧闭城门，偃旗息鼓，示弱于敌。吴军一次又一次前来叫阵，陈登就是不让将士出战，借以麻痹敌军。这

孙策派兵攻打陈登守卫的匡琦城

样，经过几天的坚守，东吴军队无计可施，后勤粮草也跟不上了，精神也松懈了。这时候陈登带领部将登上城楼，仔细观察敌军形势，发现吴军松懈了，觉得可以出击。陈登让将士们准备好反攻，突然打开城门，将士们如下山猛虎，奋勇杀出，向敌阵冲去。东吴大军猝不及防，被陈登的部队冲杀得乱成一团，将顾不了兵，兵顾不了将，全军失去指挥。陈登亲自擂鼓助威，广陵的将士们士气高昂，奋勇冲杀，吴军大败而逃。东吴的大将周章刚布下阵势，就被陈登的部队围住，连忙后退，但还没来得及登船，就当了俘虏。这时陈登事先通过邗沟运到长江边埋下的伏兵发挥了作用，陈登带领的追兵与伏兵两面夹击，杀得吴军是无路可逃，溃不成军。陈登当初收编海盗组建的水军大显神通的时机到了。薛州带领的水军长期在海上作战，水战经验丰富，于是水军趁机派人潜水凿沉了几艘东吴的战船，东吴其他船只见势不对，赶紧逃跑。很多士兵登船不及，被杀死淹死者不计其数，后来统计，被陈登的部队杀死和俘虏的东吴将士达上万人。陈登取得了防守匡琦城战役的全面胜利。

巧用计谋败孙权

在三国人物中，陈登是一个很有计谋的人物，有人将他与荀彧、周瑜、贾诩等三国时著名的谋臣并列，称为一时之魁奇俊杰也。在对阵孙吴的历次战斗中，陈登就一次次充分显示了他过人的谋略。

陈登早就有帮助曹操吞灭东吴之志。东汉建安五年（200），他将广陵郡治所从山阳（今淮安区政府所在地）移到邗沟交通中心射阳城（今宝应县射阳湖镇），其目的是把自己的力量向南延伸，使广陵郡成为遏制东吴向北扩张的屏障，进而搭

射阳古城遗址

孙权

起跨越长江向南进击东吴的跳板。

不久，报仇心切的孙策派弟弟、后来的吴大帝孙权带领着东吴大军卷土重来，再次进攻陈登所在的匡琦城。这次孙权的队伍更加庞大，有指挥的楼船，有冲锋的艨艟舰，还有大翼船。广陵郡的水军敌不过吴军，只好退入邗沟边的湖泊中。吴军再一次挺进到了陈登驻守的匡琦城边。

面对强大的敌人，陈登不慌不忙。一面派他的同乡，在广陵郡任功曹的陈矫到许都向曹操求救，一面积极做好应敌准备。他暗中命人在救兵来援的必经之路上聚积柴草，隔十步一堆，纵横成行，布列整齐，竖看横看都成行，仿佛一支正在行进的部队。到了夜里，他派出一小队的士兵把柴草堆都点起火来，接着指挥城头上的守军敲锣打鼓，大声呐喊，装出迎接援兵到来的样子。由于是深夜，又在平原上，熊熊的火光照得很远。东吴军队远远看过来，好像看到了一列列排列整齐、打着火把正在行进的军队，因此，误以为陈登的援军已到，十分惊恐，连忙前队改后队，往回撤退。陈登见时机已到，亲率大军出击，向孙权的部队发起猛攻。上次被陈登部队打得落花流水的东吴将士心理有了阴影，逃命要紧，哪里还有心思恋战，与陈登的军队一接触就溃逃。陈登带领广陵军民一举击溃了孙权军，再次取得了保卫广陵的胜利。这次战役中，东吴的大将周泰身负12处枪伤，后来身上金疮发作，靠了名医华佗的医治，才治好了伤。因此，东吴部队对陈登是恨之入骨，但也无计可施，对着广陵郡徒然兴叹：撼山易，撼陈元龙难啊。

小霸王孙策的死与陈登也有关系，陈登和孙策本是一对老冤家了，而这个梁子是陈登的堂叔陈瑀结下的。陈瑀当初被朝廷任命为扬州刺史、吴郡太守。孙策要一统江东，就与陈瑀产生矛盾。当时吴郡和会稽郡都属扬州管辖，陈瑀曾经与担任会稽太守的孙策一起征讨谋逆称帝的袁术，行军到钱塘时，陈瑀密谋袭击孙策，派遣都尉万演等渡江联络祖郎、焦已、严白虎等山贼为内应一起攻击孙策。但不小心被孙策发觉图谋，孙策就派吕范、徐逸攻击陈瑀的部队，大败陈瑀于海西，俘获了陈瑀部的吏员家人四千人。陈瑀只身一人逃奔冀州袁绍，被袁绍任命为故安都尉。不久陈登被任命为广陵太守，本来陈登就有吞灭孙吴的志向，他又是个很孝顺的人，一心想为自己的堂叔报仇。陈登暗地里派人带着委任状到江东，继续鼓动严白虎的余党进攻孙策。《江表传》记载：“广陵太守陈登治射阳，登即瑀之从兄子也。策前西征，登阴复遣间使，以印绶与严白虎余党，图为后

小贴士：《江表传》

《江表传》是由西晋人虞溥所著，此书已散佚，大部分在裴松之《三国志注》里可见。虞溥，高平昌邑（今天淮安、宝应一带）人。《江表传》自然是写江表的，南方六朝都泛称江表，六朝政治中心均在扬州（当时的治所在建邺），实际上江表用作长江以南政权的代称。从裴松之《三国志注》对《江表传》的大量引用，可以发现实则上是一本孙吴政权的传记，主要记载了东吴政权中的君臣及相关人物事迹，从孙坚、孙策一直写到东吴最后一位皇帝孙皓，以及其他东吴的政治人物如周瑜、鲁肃、吕蒙、吕范、陆凯等，对蜀汉的人物，如关羽等也有部分涉及。

害，以报瑀见破之辱。策归，复讨登。”从这段史料中可以看出：于公，自孙策统一江东后，陈登就一直想方设法削弱孙策的实力，并暗中联络江东地区反对孙策的势力。于私，替他的堂叔扬州刺史陈瑀被报仇。他买通了严白虎的手下，并授他们印绶，作为自己内应，让他们袭击孙策。因此，孙策被刺杀，很可能是陈登利用许贡被杀一事向孙策下的黑手。因此，东吴孙氏集团也一直将陈登作为自己的头号敌人。

著有《扬州画舫录》的清代作家李斗曾经评价说：“孙策用兵，仿佛项羽，既定江东，威震海内，举十倍之众，叩城请战。陈登出奇制胜，再破其军，由是画江以守。吴虽西略，而北不益地尺寸，则匡琦之战为之也。”也就是说，孙策虽然用兵如神，有“小霸王”之称，但陈登在广陵郡两次奇胜，以少胜多，打败了孙策的军队。陈登指挥的匡琦之战奠定了曹操与东吴划江而治的局面。孙策尽管勇猛，东征西讨，向西取得了不少土地，但向北却不能增加一尺土地，陈登对保卫广陵郡百姓的生命财产安全是功不可没的，对巩固曹魏政权的地盘更是功劳卓著。

治政有方鱼水情

陈登在广陵多年，治政有方。他大力兴修水利，农民喜获丰收；由于对邗沟的修缮，货物运输大为便利，商人获利较多；他在广陵郡东部的沿海地区开发盐田，生产食盐，更是使官府获得了丰厚的税收。特别是在汉末的乱世中，他能够强兵习武，收编海盗组成水军，保一方平安，使地处曹魏和东吴交界的广陵百姓免遭兵灾。广陵郡由过去的一个开发程度不高，在各郡中相当贫穷的弱郡，发展成了一个百姓富裕、社会安定、兵马强壮的强郡。人民群众普遍得到了实惠，百姓对他感恩戴德。曹操对他的政绩十分满意，上表汉献帝，提拔他转任东城（治所今河南省濮阳市南）太守。临行时，广陵郡官员和老百姓扶老携幼，要随陈登一起北迁。史书上说：“广陵吏民佩其恩德，共拔郡随登，老弱襁负而追之。”陈登十分感动，耐心地劝说大家回去，他说：“我在广陵任太守，吴寇频频来犯，总算勉强打跑了他们。我走后，你们不用担心，肯定会有更好的太守来治理广陵的。”最后，百姓们终于被陈登说服，不再坚持。陈登与广陵百姓建立的鱼水深情，令人感叹。

清代学者赵一清曾评价：“射阳、广陵、海陵、高邮、江都、盐城诸县，皆云三国时废，盖自陈登为广陵太守，屡破孙策之兵，不似华歆、王朗辈束手就毙。后登迁东城太守以去，孙氏遂跨有江表。曹公移民以避其锋，每临大江而叹，恨用登之不终也。”就是说，陈登迁任东城太守后，孙吴政权随即派兵越过长江，占领了江北一带。曹操后来派的广陵太守因为打不过东吴的军队，只好将江北广陵郡一带的老百姓向北方迁徙。曹操以后每次到长江边都要对着大江慨叹，悔恨不早用陈登

三国时期全图（《简明中国历史地图集》）

的计策，灭掉东吴孙策、孙权集团。其后造成孙氏在江南壮大，威胁到自己的统治，也后悔没有能更好地利用陈登这个人才。这也导致后来继任孙策的孙权在江南建立了孙吴政权，与曹操的儿子曹丕建立的魏国以及刘备建立的蜀国三分天下。

第六章　元龙豪气传后世

华佗诊病难救命

到了东城之后，陈登的业绩并没有详细的历史文献记载。由于东城地处曹操政治中心的兖州，想必陈登也为曹魏政权作出了不少贡献。但可惜陈登英年早逝，过早地退出了群雄争霸的舞台，否则他一定在三国历史上留下更多的事迹。据史书记载，陈登早年有病，虽经神医华佗诊治，但并未除根。后病重而“佗不在”，无人可治。

华佗，字元化，是东汉末年的名医，出生于沛国谯县（今安徽亳州），与陈登是老乡关系。他年轻时游学徐州一带，兼通数经。陈登的父亲沛相陈珪曾经举华佗为孝廉，但他不愿意做官，而是钻研医

神医华佗像

小贴士：华佗

华佗（约145—208），沛国谯县（今安徽亳州）人，东汉末年著名的医学家。华佗与董奉、张仲景并称为“建安三神医”。他少年时曾在外游学，行医足迹遍及今天的安徽、河南、山东、江苏等地，钻研医术而不求仕途。华佗医术全面，尤其擅长外科，精于手术。华佗经过数十年的医疗实践，熟练地掌握了养生、方药、针灸和手术等治疗手段，精通内、外、妇、儿各科，临证施治，诊断精确，方法简捷，疗效神速，被誉为“神医”。华佗首创用全身麻醉法施行外科手术，并擅长开胸破腹的外科手术，被后世尊之为“外科鼻祖”。他所使用的“麻沸散”是世界上最早的麻醉剂。华佗也是中国古代医疗体育的创始人之一，他编排了一套模仿猿、鹿、熊、虎等五种禽兽姿态的健身操——“五禽戏”。后世多用神医华佗称呼他，又以“华佗再世”“元化重生”称赞有杰出医术的医师。

术。他精通养性之术，成为东汉末年远近闻名的神医。《三国志·华佗传》就讲到了他与陈登的故事。陈登任广陵太守时，一次得了个怪病，心中烦躁郁闷，面部赤红，吃不下任何东西。有下属说华佗在附近行医，于是他就命人去请华佗，华佗来了后看看陈登的面相，立即为他搭脉，然后诊断说："你胃中有好几升虫，都快成肉疽了。这是因为生腥的东西吃多了造成的。"于是对症下药，立即做了两升汤药，让陈登先服用一升，过一会儿又让他全部服下。陈登服药后不久，就吐出三升多的虫子，头部是红色的，都在蠕动着，下半身还是生鱼脍，让人看了不寒而栗。吐出虫子后，陈登立刻觉得神清气爽，不适感消除，病很快就好了。

射阳古城的古邗沟码头，华佗当时来广陵应该就从这里上岸的

华佗叮嘱陈登说："此病后三期当发，遇良医乃可济救。"就是说，你这个病三年后还会发作，如果遇到良医才可以医治，如果遇不到良医就会不治而死。可陈登整天忙于军政事务，对华佗的话不以为然。3年后，陈登果然再次发病，赶快派人四处寻找华佗，可是没有找到，其他医生都说自己治不了这个病。最终应了华佗的预言，正值

盛年的陈登不治而死，时年仅三十九岁。

曹操听说这件事后，召华佗来为自己治病。曹操有头风病，每当发作时心乱目眩，华佗用针为他灸治，手到病止。因此华佗常常陪伴在曹操左右。但因为头风病一直没有根除，生性多疑的曹操认为华佗能够根治自己的头风病而不根治，是“小人养育吾病，欲以自重”。后来因曹操怀疑华佗谋害自己，将华佗下狱拷问致死。

刘备评价真英雄

曹丕

陈登死后，曹操常常临长江而叹，悔恨不早用陈登的计策，以致孙氏在江南壮大，与魏国、蜀汉成三国鼎立之势。后代也有人猜测，曹操不让陈登进攻江东也许另有原因，可能因为陈登既有英雄志，又有文韬武略，在当时很少有人比他强，在广陵郡他又训练了一支强大的军队。同时他为人又洒脱不羁，被生性多疑的曹操所忌惮，生怕他过江打败了孙吴，自己做大，成为曹魏的敌人，因此不敢让他去攻打东吴。历史是不可以假设的，如果陈登不死，成功地登陆江东，会不会是又一个孙策？也许有可能。当然这只是后人的猜测。魏文帝曹丕在位时，追念陈登的功劳，拜他的儿子陈肃为郎中。这是因为曹丕在进攻东吴时，曾通过广漕渠运兵到淮河，然后又利用陈登所开的邗沟从淮河运兵到长江，一路上亲身体验到陈登重开的邗沟功不可没。回到许都后，曹丕禁不住与群臣谈到陈登，并接受大臣的建议，追念陈登之功，为他的儿子加官。

煮酒论英雄（清刊本《三国演义》）

《三国演义》中有一段青梅煮酒论英雄的故事讲道，一次曹操与刘备在一起喝酒谈论天下英雄。曹操说：“夫英雄者，胸怀大志，腹有良谋，有包藏宇宙之机，吞吐天地之志者也。”并说：“今天下英雄，惟使君与操耳。”说天下的英雄只有曹操与刘备，把刘备吓得手中的筷子和勺子都掉在了地上。其实在三国的历史风云中，陈登也是一个英雄，被曹操称为天下英雄的刘备曾经感慨地说：“像元龙（陈登）这样具有文胆武略的人，只应该到古人里面去寻找，可惜仓促之间实在想不起可以能够与之媲美的合适人选。”

无独有偶，《先贤行状》也记载过一则刘备与刘表论英雄的故事，议论的主人公仍是陈登。故事说，有一次刘备、许汜与刘表在一起共论天下之士。谈到陈登时，许汜不以为然地说：“陈元龙乃江湖之士，骄狂之气至今犹在。”也就是说陈登太骄狂，有江湖习气。刘备虽然对陈登十分熟悉，但他没有立即反驳许汜，转而问刘表：“您觉得许君所言对不对？”刘表左右为难地说：“如果说不对，但许君是个好人，不会随便说别人坏话的；要说对，陈元龙又盛名满天下！”刘备责问许汜：“您认为陈元龙骄狂，可有什么根据？”许汜回答说：“昔遭乱过下邳，见元龙；元龙无客主之意，久不相与语，自上大床卧，使客卧下床。”意思是说，许汜过去曾因世道动荡而路过下邳，见过陈元龙。当时他毫无客主之礼，很久也不搭理许汜，自顾自地坐在大床（床是古时候的坐具）上，而让客人们坐在下床。刘备一听，原来是这么回事啊！于是他对许汜说："君有国士之名，今天下大乱，帝主失所、望君忧国忘家，有救世之意，而君求田问舍，言无可采，是元龙所讳也，何缘当与君语？如小人，欲卧百尺楼上，卧君于地，何但上下床之间邪？"意思是说："您素有国士之风。现在天下大乱，帝王流离失所。元龙希望您忧国忘家，有匡扶汉室之志。可是您却向元龙提出田宅屋舍的要求，言谈也没有什么新意，这当然是元龙所讨厌的，你又有什么理由要求元龙和您说话？假如当时是我，我肯定会上百尺高楼上去高卧，而让你坐在地下，哪里是只有区区上下床的距离呢？"旁边的刘表听了，放声大笑。可见，刘备是十分欣赏陈登的。

刘备进而又说："若元龙文武胆志，当求之于古耳，造次难得比也。"其实，刘备可能也在后悔，当初没有及时将陈登招至自己手下，否则蜀汉政权又多了一位有勇有谋的大将，也许能够实现一统天下的宏愿。因此，尽管刘备没有收服陈登，还是夸奖他"文武胆智，当世无类。"

青史留名大运河

陈登英年早逝，但在其短短39年的人生中也做出了不少功绩，后世对他的评价极高。《三国志》的作者陈寿评价说：“陈登、臧洪（今宝应县射阳湖镇人，东汉时的另一个豪杰）并有雄气壮节，登降年夙陨，功业未遂，洪以兵弱敌强，烈志不立，惜哉！”陈寿将陈登与臧洪放在一起评价是有原因的，这个臧洪就是陈登担任广陵郡太守时广陵郡治所在地射阳县的人。

今天，在陈登当年担任太守的广陵郡治所所在地宝应县射阳湖镇，也是臧洪、陈容这两位义士的家乡，仍建有臧陈遗址，后人一直铭记着这两位豪杰之士。

文物保护单位臧陈遗址

相比起臧洪、陈容二人，陈登更是青史留名，不但后世史学家对他评价极高，后世的文学家、学者等也写诗著文大力颂扬陈登的

小贴士：臧洪

臧洪（160—196），字子源，是广陵郡射阳县（今江苏宝应县射阳湖镇）人，东汉末年群雄之一，太原太守臧旻的儿子。臧洪为人雄气壮节，举孝廉出身。初授议郎，迁广陵功曹。曾为关东联军设坛盟誓，共同讨伐董卓，深得盟主袁绍看中，荐为青州刺史。臧洪在任前后两年，青州呈现出新的面貌，“群盗奔走”。袁绍“叹其能”，改任他为兖州刺史部的东郡太守，治所在黄河北岸的东武阳。在东郡，他施政有方、政绩卓越，深得百姓拥护。因袁绍不让他去援救张超，导致张超被曹操所杀。因而对袁绍产生怨恨，宣布与袁绍断绝关系，被袁绍大军围攻一年，东郡城中粮食已尽，臧洪与全城军民誓不投降。城破后，臧洪被袁绍押赴刑场。臧洪有个同县的老乡叫陈容，在臧洪手下担任东郡郡丞，陈容大喊：“今日宁与臧洪同日死，不与将军（指袁绍）同日生。”袁绍于是下令把陈容也杀了。当时人士对臧洪、陈容之死表示惋惜，认为袁绍是“一日杀二烈士”。

丰功伟绩。南宋初期的词坛双璧张孝祥、张元幹就对陈登做出高度评价，张孝祥词中称颂他：“湖海平生豪气，关塞如今风景，剪烛看吴钩。”张元幹词中褒扬他：“元龙湖海豪气，百尺卧高楼。”清代诗人田兰芳则感慨：“每读张良、周瑜、陈登、李泌诸传则凄然兴怀久之，曰：‘真丈夫也’。”近代学者吕思勉评价陈登说：“孙策的用兵，几于所向无敌，独有两次攻陈登，都是失败的。所以陈登在广陵，确是孙氏的一个劲敌。”

陈登被后人最为称道的是其在水利建设方面所作的贡献，尤其是他续修的大运河的重要一段——邗沟，福泽后人，终成国脉。陈登所续开的邗沟西道，方便了当时江淮之间水上交通，在促进江淮地区经济的发展，为曹魏集团南下征讨东吴提供便利的同时，也成为东汉以后历代王朝江淮之间运河的主要线路。这一线路减少了湖中风浪的威胁，同时裁弯取直，缩短了江淮之间的航运距离，成为江淮之间最便捷的水上通道。这就是后人所说的邗沟运道十三变中的第一次变化。东晋年间，政府曾两次修缮邗沟，也都是在邗沟西道的基础上逐渐渠化，主要在邗沟南端修建多处堰埭，调节水位。如东晋永和年间（345—356），由于江都与长江间断水，朝廷在广陵城西南30千米处（今仪征市）建欧阳埭，改由今天扬州城的西边仪征附近引江水入埭济运，行30千米到广陵城，同时防止邗沟水下泄进入长江，建了一系列堰埭。晋兴宁年间（363—365），朝廷从津湖南口，沿湖东岸开渠10千米入津湖北口，绕过津湖，避开风浪。尽管江淮之间水上运输通道稍有调整，但主要线路还是邗沟西道。

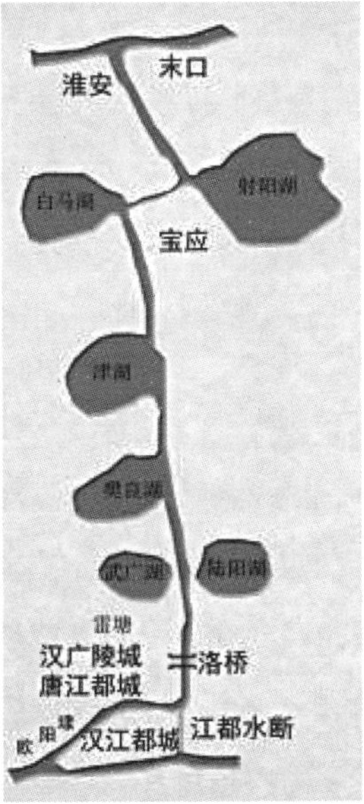

晋永和年间引江入欧阳埭图示意图（《中国大运河申遗文本》）

邗沟历史上对后世影响最大的一次修缮是隋炀帝重修邗沟。当时隋炀帝就基本采用了陈登穿沟时形成的邗沟西道，从而修建了贯通南北的隋唐大运河，使邗沟真正升级为全国性的运河。隋大业元年（605），隋炀帝在开挖通济渠的同时，发动淮南民工10余万人，对邗沟进行大规模的整修和拓宽，从山阳县南到扬子江150多千米，渠宽度为四十步（约60米），能通行战舰，并于两岸筑御道、植柳树。邗沟不走隋文帝开的山阳渎，重新又回到东汉陈登所开的西道。这条经过后代不断开凿与拓展的邗沟作为隋唐大运河的重要一段，北通淮河与汴水，南贯长江与江南运

小贴士：邗沟十三变

邗沟自开凿以后，运道曾经发生过多次变迁，概称“邗沟十三变”。春秋时期，吴王夫差为北上伐齐，称霸天下，于公元前486年开凿邗沟。这条邗沟的路线《水经注》曾有描述：“自广陵北注樊良湖（又作樊梁湖），旧道东北出至博支、射阳二湖。”这条邗沟全长170千米，又称“邗沟东道”。东汉末年广陵太守陈登开邗沟西道，是邗沟第一变。晋代，邗沟线路又有三次局部调整，构成邗沟的二至四变。隋文帝开皇七年（587）夏四月，开山阳渎，邗沟回到东道，这是第五变。隋炀帝杨广开凿大运河时重修邗沟，邗沟又回到西道，这是邗沟第六变，史称“大业邗沟”。五代十国时的变道为第七变。后来的六变都发生在明代，主要是因为明初黄河夺淮后，淮河借长江入海，使淮扬一带成为淮河入江水道，黄淮水患日益加剧，为避免水患，从宝应至邵伯筑成堤防，截湖为河，形成脱离天然湖泊的人工运道，以确保行船安全，这就是里运河。这13次变化称为“邗沟十三变”。

河、浙东运河，直抵大海，形成了以国都洛阳为中心，北抵涿郡、南达会稽的大运河体系，完成了中国大运河

高邮明清运河故道曾经是邗沟西道的一段

的第一次全线贯通。陈登所续修的邗沟及其延伸段发展成为贯通中国南北、连接东西的黄金水道。

隋代以后，尽管邗沟经历了多次变化，但其主要线路一直没有改变，无论是唐代的扬楚运河，还是宋代的楚扬运河、明代的淮扬运河、近代的里运河，都是走的邗沟西道。作为漕运的主要通道，以邗沟为基础发展而成的大运河，成为中国古代中央集权的多民族封建国家的经济命脉和南北经济文化交流的重要通道，在中国古代经济社会发展中发挥了不可替代的重要作用。

今天，以邗沟西道线路构成的大运河苏北段不但成

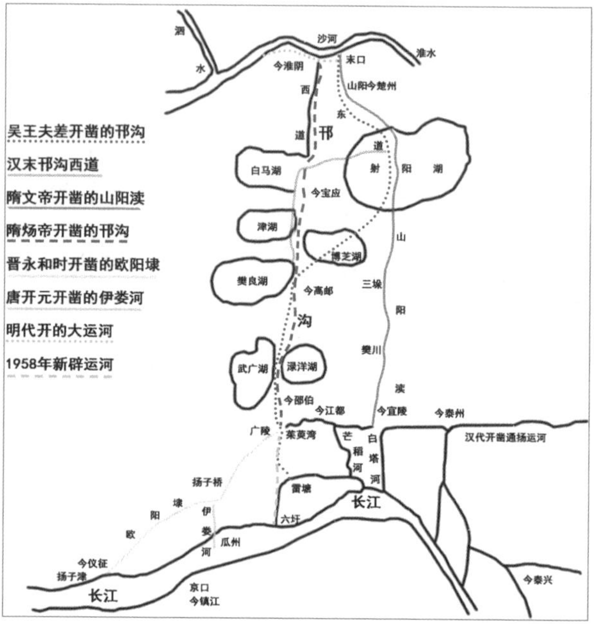

扬州段运河历代演变图

为南北贯通的中华经济大动脉，年货物通过量达3亿吨以上，是京沪高铁加上京沪高速运量之和的两倍，葛洲坝的3倍。而且这段运河还成为南水北调东线工程的输水通道，担负着将一江清水输送到北京的重任。同时，淮扬运河主线151千米河道，作为中国大运河重要的文化遗存于2014年列入了世界遗产名录。尽管陈登没有像吴王夫差和刘濞那样被人们立庙祭祀，但他同样因为续开邗沟而留名青史，我们今天讲到大运河不能不提到陈登这个名字。在大运河申遗文本中，也清楚地将陈登重开邗沟这一段历史记录在大运河的开凿修缮史中。淮扬运河沿线的人们更是忘不了陈元龙的丰功伟绩：仪征的陈公塘记载了陈登的历史功勋；大运河上这雄伟壮观的邵伯三线船闸技术的起源，也离不开陈登所开的捍淮堰；烟波浩渺的洪泽湖也在诉说着陈登的爱民情怀。追古思今，在推进大运河文化带建设的今天，我们绝不能忘记陈登的重修邗沟、续开运河之功。陈登尽管英年早逝，但他的名字和业绩仍流传在江淮大地上，激励着有志青年为国家和人民贡献自己的才智。

参考文献

1.〔宋〕王象之编：《舆地纪胜》，道光二十九年（1849），陕西甘泉惧盈斋，版本：文选楼影宋钞本。

2.〔清〕刘宝楠著：《宝应图经》，光绪九年（1883），淮南书局刊成。

3. 杨杏芝编：《广陵志》，中华书局 1993 年版。

4.〔清〕顾祖禹著：《方舆纪要》（又名《读史方舆纪要》），中华书局 2005 年版。

5.〔宋〕司马光编著：《资治通鉴》，中华书局 2009 年版。

6.〔清〕刘文淇著：《扬州水道记》，广陵书社 2011 年版。

7. 国家文物局编：《中国大运河申遗文本》，2013 年。

8.〔晋〕陈寿著：《三国志》，时代出版有限公司黄山书社 2015 年版。

9.〔明〕罗贯中著：《三国演义》，三秦出版社 2021 年版。

本书图片由宋桂杰、潘娟、吴益群、赵辉、刘奇斌、倪学萍、唐华荣、杨路路、蒋永庆、胥传杰、南京中国科举博物馆、扬州博物馆、扬州中国雕版印刷博物馆提供，谨致谢忱！